미래와 통하는 책

동양북스 외국어 베스트 도서

700만 독자의 선택!

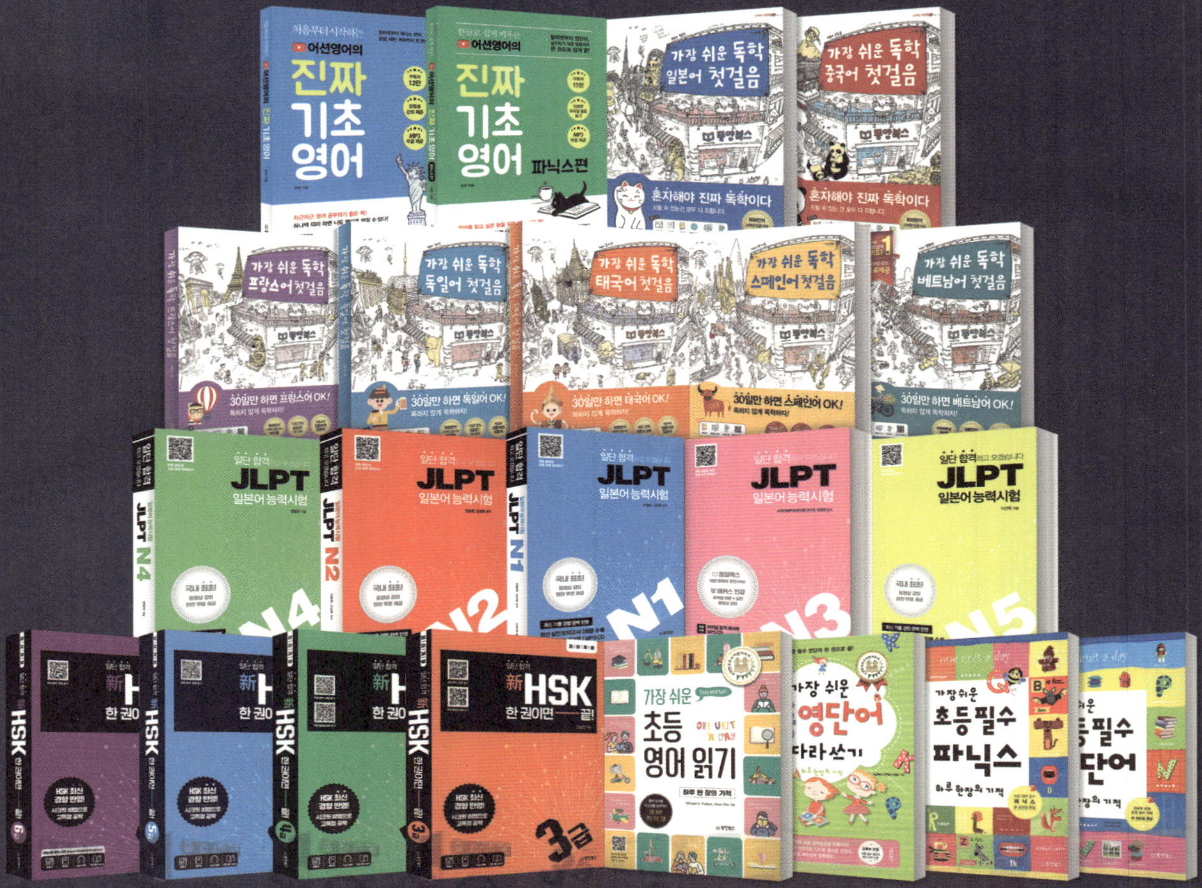

새로운 도서,
다양한 자료
동양북스
홈페이지에서
만나보세요!

www.dongyangbooks.com
m.dongyangbooks.com

※ 학습자료 및 MP3 제공 여부는 도서마다 상이하므로 확인 후 이용 바랍니다.

홈페이지 도서 자료실에서 학습자료 및 MP3 무료 다운로드

PC

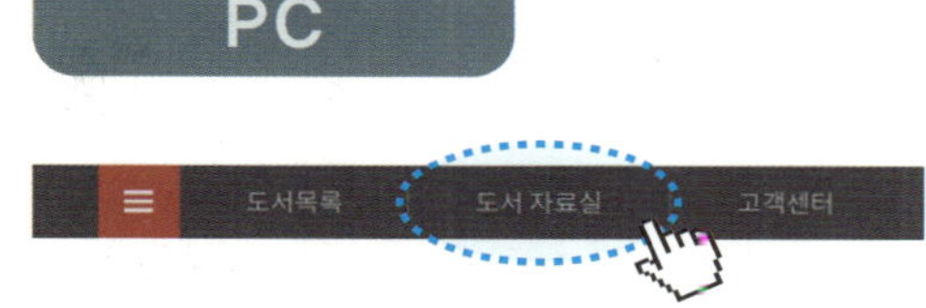

❶ 홈페이지 접속 후 도서 자료실 클릭
❷ 하단 검색 창에 검색어 입력
❸ MP3, 정답과 해설, 부가자료 등 첨부파일 다운로드

* 원하는 자료가 없는 경우 '요청하기' 클릭!

MOBILE

* 반드시 '인터넷, Safari, Chrome' App을 이용하여 홈페이지에 접속해주세요. (네이버, 다음 App 이용 시 첨부파일의 확장자명이 변경되어 저장되는 오류가 발생할 수 있습니다.)

❶ 홈페이지 접속 후 ☰ 터치

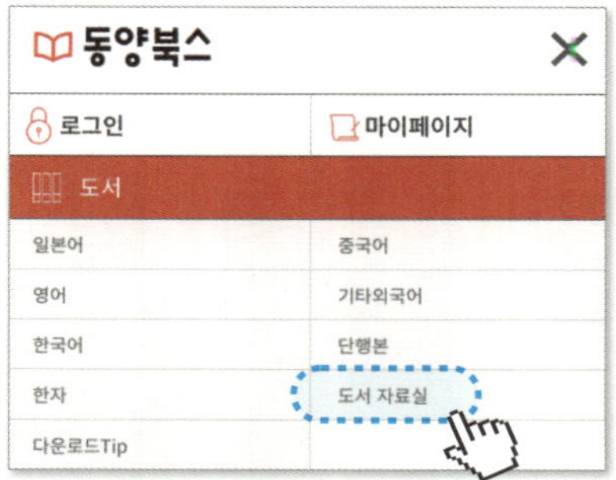

❷ 도서 자료실 터치

❸ 하단 검색창에 검색어 입력
❹ MP3, 정답과 해설, 부가자료 등 첨부파일 다운로드

* 압축 해제 방법은 '다운로드 Tip' 참고

가장 쉬운

포르투갈어

브라질어

첫걸음의 모든것

차지연 지음

동양북스

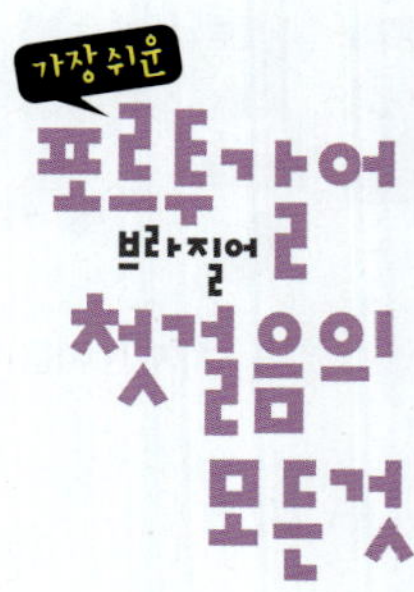

개정 3쇄 | 2024년 12월 15일

지은이 | 차지연
발행인 | 김태웅
편   집 | 김현아
디자인 | 남은혜, 김지혜
마케팅 총괄 | 김철영
제   작 | 현대순

발행처 | (주)동양북스
등   록 | 제2014-000055호
주   소 | 서울시 마포구 동교로 22길 14 (04030)
전   화 | (02)337-1762
팩   스 | (02)334-6624

dymg98@naver.com
©2012, 차지연

ISBN 978-89-8300-916-6 13770

머리말

　브라질로 유학을 떠나 현지에서 포르투갈어를 11년 동안 전공하였다. 11년 동안 포르투갈어를 연구하면서 그 나라와, 사람들과 더불어 그들의 문화를 사랑하게 되었다.

　한국으로 돌아와 포르투갈어와 그들의 문화를 많은 사람에게 전파하고자 노력해 왔으며 그중에 하나는 이 책을 쓰기로 한 것이다.

　모두 알다시피 외국어를 배운다는 것은 그리 쉬운 일은 아니다. 외국어를 배우기로 결심한 사람들의 목적은 매우 다양할 것이다.

　이 책은 모국어 습득방식으로 구성되어있다.

　어린아이들이 '엄마'라는 이 단어를 처음 말하기 위해서는 수백 번 이상 들어야 조금씩 따라 할 수 있다. 이러하여 외국어를 처음 배우는 사람들은 어린아이가 말을 처음 배우는 과정과 비슷하다고 해도 과언이 아니다.

　언어를 배울 때에는 글을 먼저 배우는 것보다 소리를 듣고 반복적으로 말하는 것이 더욱 효과적이다. 듣기와 말을 잘하면 문법 또한 쉽게 배울 수 있다.

　이 책은 이러한 원리를 바탕으로 하여 한 단원에 어휘, 회화, 문법 및 듣기 이렇게 4개의 파트로 나뉘어 있다. 처음 어휘를 학습한 후 원어민의 음성을 통해 귀의 노출 훈련을 하고 귀로 들은 소리를 입으로 따라 하는 것이 매우 중요하다.

　단원별로 이 4개의 파트를 거친 뒤 마지막으로 다양한 연습문제로 앞서 배운 내용들을 다시 한 번 정리할 수 있다.

　그럼 지금부터 포르투갈어의 세계로 함께 긴 여행을 떠나 봅시다.

일러두기

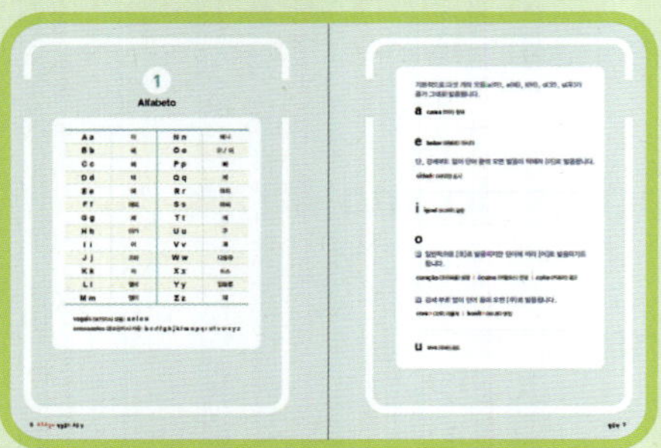

발음편

포르투갈어의 가장 기초가 되는 문자와 발음을 익히는 페이지입니다. 본문의 회화와 문법을 익히기 전에 이 부분을 공부하셔야 합니다. MP3의 정확한 발음을 듣고 따라 하는 연습을 해보세요.

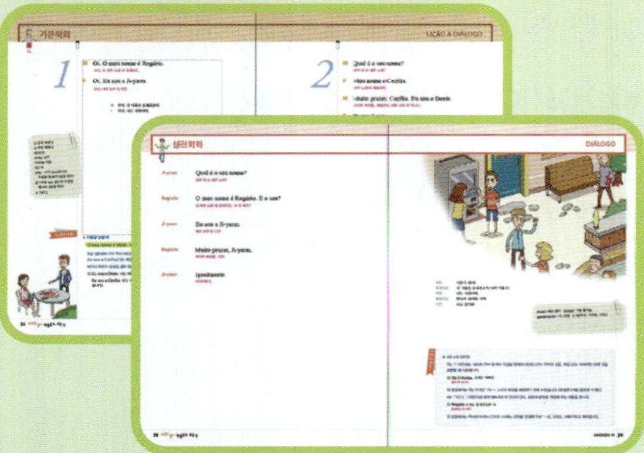

기본회화

가장 기본이 되는 회화문이 과마다 네 개 실려 있습니다. 각각 해설이 있어 이해가 쉽습니다. 편의상 5과까지 한글 발음이 포르투갈어 아래에 표기되어있습니다만, 어디까지나 참고일뿐이니 가급적 MP3의 원어민 발음을 듣고 공부하시길 바랍니다.

실전회화

앞에서 배운 기본회화의 문법과 표현이 적용된 응용대화문입니다.

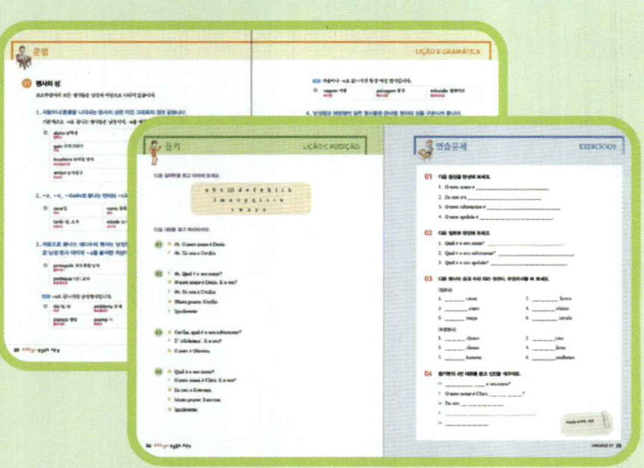

문법

회화의 바탕이 되거나 설명이 부족했던 부분을 더욱 자세하게 설명하여, 문법의 기초를 확실하게 다질 수 있도록 했습니다.

듣기

원어민의 발음을 듣고 따라 해보는 페이지입니다.

연습문제

앞에서 배운 것을 문제로 테스트하는 페이지입니다.

포르투갈어의 알파벳을 익힙시다

Alfabeto

A a	아	**N n**	애니
B b	베	**O o**	오 / 어
C c	쎄	**P p**	뻬
D d	데	**Q q**	께
E e	애	**R r**	애히
F f	에피	**S s**	애씨
G g	제	**T t**	떼
H h	아가	**U u**	우
I i	이	**V v**	붸
J j	조따	**W w**	다블유
K k	카	**X x**	쉬스
L l	앨리	**Y y**	입쓸롱
M m	앰미	**Z z**	제

vogais (보가이스) 모음: a e i o u

consoantes (꼰쏘안치스) 자음: b c d f g h j k l m n p q r s t v w x y z

기본적으로 다섯 개의 모음 a(아), e(에), i(이), o(오), u(우)가
음가 그대로 발음됩니다.

a   **cama** (까마) 침대

---

e   **beber** (베베르) 마시다

단, 강세부호 없이 단어 끝에 오면 발음이 약해져 [이]로 발음됩니다.

cidade (씨다지) 도시

---

i   **igual** (이과우) 같은

---

o

① 일반적으로 [오]로 발음되지만 단어에 따라 [어]로 발음되기도
합니다.

coração (꼬라싸웅) 심장 | **óculos** (어꿀로스) 안경 | **cofre** (커프리) 금고

② 강세 부호 없이 단어 끝에 오면 [우]로 발음됩니다.

como (꼬무) 어떻게 | **bonito** (보니뚜) 멋진

---

u   **uva** (우바) 포도

2

자음과 모음 결합의 발음

B

- 'ㅂ'으로 발음합니다.

ba	be	bi	bo	bu
바	베	비	보	부

banana (바나나) 바나나 | **bola** (벌라) 공

C

① a, o, u 앞에서는 'ㄲ'으로 발음합니다.

ca	co	cu
까	꼬	꾸

casa (까자) 집 | **cama** (까마) 침대

② e와 i 앞에서는 'ㅆ'으로 발음합니다.

ce	ci
쎄	씨

cereja (쎄레자) 체리 | **cidade** (씨다지) 도시

③ Ç (cê-cedilha)는 'ㅆ' 발음이 납니다.

ça	ço	çu
싸	쏘	쑤

criança (끄리안싸) 어린 아이

* 'ç'는 어두에 쓰일 수 없습니다. 예) **çapo**(X) **sapo**(○) (싸뿌) 개구리

④ **ch**는 '쉬'로 발음합니다.

cha	che	chi	cho	chu
샤	셰	쉬	쇼	슈

chuva (슈바) 비 | **chave** (샤비) 열쇠

D

① 'ㄷ'으로 발음합니다.

da	de	di	do	du
다	데	디	도	두

doar (도알) 기부하다 | **doce** (도씨) 단, 단것

② 단 브라질에서 **di** 는 '지'로 발음하며, **de**로 마치는 대다수의 단어도 '지'로 발음합니다.

direita (지레이따) 오른쪽 | **cidade** (씨다지) 도시

F

• 약한 'ㅍ'으로 발음합니다.

fa	fe	fi	fo	fu
파	페	피	포	푸

faca (파카) 칼　|　**felicidade** (펠리씨다지) 행복

G

① a, o, u 앞에서는 'ㄱ'으로 발음합니다.

ga	go	gu
가	고	구

gato (가뚜) 고양이　|　**goleiro** (골레이루) 골키퍼

② e와 i 앞에서는 'ㅈ'으로 발음합니다.

ge	gi
제	지

girafa (지라파) 기린　|　**viagem** (비아젱) 여행

H

- **묵음으로, 발음되지 않습니다**

hospital (오스삐따우) 병원 ｜ **hora** (어라) 시간

J

- **'ㅈ'으로 발음합니다.**

ja	je	ji	jo	ju
자	제	지	조	주

joelho (조엘류) 무릎 ｜ **jacaré** (자까래) 악어

L

① **'ㄹ'로 발음합니다.**

la	le	li	lo	lu
라	레	리	로	루

leite (레이치) 우유 ｜ **lua** (루아) 달

② **모음 없이 단독으로 어미나 중간에 오면 '우'로 발음합니다.**

papel (빠빼우) 종이 ｜ **calça** (까우싸) 바지

③ **lh**는 '리'로 발음합니다.

lha	lhe	lhi	lho	lhu
랴	례	리	료	류

joelho (조엘류) 무릎 | **filha** (필랴) 딸

M

① '**ㅁ**'으로 발음합니다.

ma	me	mi	mo	mu
마	매	미	모	무

macaco (마까꾸) 원숭이 | **miojo** (미오주) 라면

② 음절의 끝에 오면 '**ㅇ**'으로 발음합니다.

bom (봉) 좋은 | **fim** (핑) 끝

N

① '**ㄴ**'으로 발음합니다.

na	ne	ni	no	nu
나	네	니	노	누

Natal (나따우) 크리스마스 | **navio** (나비우) 배

② **nh** '니'와 '이'의 중간소리로 발음합니다.

nha	nhe	nhi	nho	nhu
냐	녜	니	뇨	뉴

cozinheiro (꼬지녜이루) 요리사 ｜ **cunhado** (꾸냐두) 형부

① 일반적으로 모음 'o'는 단어에 따라 '오' 또는 '어'로 발음합니다.

coração (꼬라싸웅) 심장 ｜ **óculos** (어꿀로스) 안경 ｜ **cofre** (커프리) 금고

② 'o'로 끝나는 대다수의 단어들은 '우'로 발음합니다.

como (꼬무) 어떻게 ｜ **bonito** (보니뚜) 멋진

• '빠'으로 발음합니다.

pa	pe	pi	po	pu
빠	뻬	삐	뽀	뿌

parque (빠르께) 공원 ｜ **pedra** (뻬드라) 돌

Q

- 항상 **u**와 함께 쓰이며 'ㄲ'으로 발음합니다.

qua	que	qui	quo
꽈	께	끼	꼬

quadro (꽈드루) 액자 | **quarto** (꽈르뚜) 방

R

① 어두에 쓰이거나, 자음 뒤 또는 **rr**로 쓰이면 'ㅎ'으로 발음합니다.

ra	re	ri	ro	ru
하	헤	히	호	후

rato (하뚜) 쥐 | **honra** (옹하) 명예 | **carro** (까후) 자동차

② 그 외 모음 뒤에 오면 'ㄹ'으로 발음합니다.

caro (까루) 비싼 | **couro** (꼬우루) 가죽

S

① 어두에 쓰이거나, 자음 뒤 또는 ss로 쓰이면 'ㅆ'으로
발음합니다.

sa	se	si	so	su
싸	쎄	씨	쏘	쑤

sábado (싸바두) 토요일 | **cansado** (깐싸두) 피곤한
passear (빠쎄알) 산책하다

② 그 외 모음 사이에 오면 'ㅈ'으로 발음합니다.

música (무지까) 음악 | **mesa** (매자) 식탁

T

① 'ㄸ'으로 발음합니다.

ta	te	ti	to	tu
따	떼	띠	또	뚜

guitarra (기따하) 기타 | **terno** (떼르노) 양복

② 단 브라질 대부분의 지역에서 ti는 '치'로 발음되며,
te로 마치는 대다수의 단어 또한 '치'로 발음됩니다.

tirar (치라르) 빼다, 벗다 | **dente** (덴치) 치아

V

- 약한 'ㅂ'으로 발음합니다.

va	ve	vi	vo	vu
바	베	비	보	부

vaso (바주) 꽃병 | **ver** (베르) 보다

X

xa	xe	xi	xo	xu
샤	세	쉬	쇼	슈

① 어두에서는 '쉬'로 발음합니다.

xarope (샤로뻬) 시럽 | **xícara** (쉬까라) 찻잔

② 'ks'로 발음합니다.

fixo (픽쑤) 고정된 | **táxi** (딱씨) 택시

③ 'ㅆ'으로 발음합니다.

máximo (마씨무) 최대한

④ ex 다음에 모음이 오면 'ㅈ'으로 발음합니다.

exame (에자미) 시험

Z

za	ze	zi	zo	zu
자	제	지	조	주

① 어미에 오면 'ㅅ'으로 발음합니다.

feliz (펠리스) 행복한 ｜ **dez** (데스) 숫자 10

② 그 외의 경우는 'ㅈ'으로 발음합니다.

cozinhar (꼬지냐르) 요리하다 ｜ **cruzamento** (끄루자멘뚜) 교차로

3

강세음

① 일반적으로 대부분의 단어는 마지막에서부터
두 번째 음절 모음에 악센트가 있습니다.

cavalo (**ca** – **va** – **lo**) (까발루) 말
　　　　　▼　　▼　　▼
　　　　　3　　2　　1

tartaruga (**tar** – **ta** – **ru** – **ga**) (따르따루가) 거북이
　　　　　　　▼　　▼　　▼　　▼
　　　　　　　4　　3　　2　　1

imposto (**im** – **pos** – **to**) (임쁘스뚜) 세금
　　　　　　▼　　▼　　▼
　　　　　　3　　2　　1

② 단 –i, –l, –r, –u, –z로 끝나는 단어는 마지막 음절에
악센트가 있습니다.

abacaxi (아바카쉬) 파인애플　　　**papel** (빠빼우) 종이
carregar (까레가르) 운반하다　　　**escrever** (에스끄래베르) 쓰다, 작성하다
bambu (방부) 대나무　　　　　　**rapaz** (하빠스) 청년

4

강음 부호

강음 부호가 있는 단어들은 앞서 언급된 규칙에 따르지 않고 부호에 따라 강하게 또는 폐음으로 발음합니다.

---

1 **acento agudo** (´) 입술을 움직이지 않고 입을 크게 벌려 강하게 발음합니다.

automático (아우또마치꾸) 자동   **óculos** (어꿀로스) 안경
rádio (하지우) 라디오   **armário** (아르마리우) 찬장, 옷장

2 **acento circunflexo** (^) 입을 아주 조금 벌리고 두 입술을 동글리지 않고 발음합니다.

você (보쎄) 너, 당신   **maiô** (마이오) 원피스형 수영복

3 **til** (~) 'ㅇ' 발음을 강하게 합니다.

cãibra (까잉브라) 근육경련, 쥐   **mansão** (만시웅) 대저택
fogão (포가웅) 가스레인지

4 **acento grave** (`) 반쯤 강하게 합니다.

à (아) ~쪽으로

01

Muito prazer

반가워

VOCABULÁRIO

apelido	별명
é	~이다 (Ser 동사의 직설법 현재의 3인칭 단수)
meu	나의
muito	많이, 매우
nome	이름
oi	안녕
prazer	기쁨, 즐거움
qual	무엇, 어떤 것
seu	당신의, 그녀의, 그의 (소유격)
sobrenome	성

1

M Oi. O meu nome é Rogério.

오이. 오 매우 노매 에 호제리오.

F Oi. Eu sou a Ji-yeon.

오이. 애우 쓰우 아 지연.

M 안녕. 내 이름은 호제리오야.
F 안녕. 나는 지연이야.

---

o 남성 정관사
a 여성 정관사
oi 안녕
meu 나의
nome 이름
eu 나
sou ~이다 (ser 동사의
　직설법 현재의 1인칭 단수)
é ~이다 (ser 동사의 직설법
　현재의 3인칭 단수)
e 그리고

기억하세요!

★ 이름을 말할 때

O meu nome é Denis. 내 이름은 데니스야.

또는 영어에서 I'm Mary라고 하는 것처럼 Eu sou o Estevam. (나는 에스떼반이야.) /
Eu sou a Cecília.(나는 쎄씰리아야.)라고도 할 수 있습니다.

여기서 화자가 남성일 경우 정관사 'o'를, 여성일 경우에는 정관사 'a'를 이름 앞에 써 줍니다.

예 Eu sou o Denis. 나는 데니스야. (데니스는 남자이기 때문에 이름 앞에 정관사 'o'를 씁니다)

　Eu sou a Cecília. 나는 쎄씰리아야. (쎄씰리아는 여자이기 때문에 이름 앞에 정관사 'a'를
　씁니다)

2

M Qual é o seu nome?
꽈우 에 오 쎄우 노매?

F Meu nome é Cecília.
매우 노매 에 쎄씰리아.

M Muito prazer, Cecília. Eu sou o Denis.
무이뚜 쁘라젤, 쎄씰리아. 애우 쏘우 오 데니스.

F Prazer é meu.
쁘라젤 에 매우.

M 이름이 뭐니?
F 나는 쎄씰리아라고 해.
M 반가워, 쎄씰리아. 난 데니스야.
F 나도 반가워.

muito 매우, 많이
prazer 기쁨, 즐거움
qual 무엇 (의문사)
seu 그의(것), 그녀의(것),
　　당신의(것) (소유격)

★ 첫 만남에 상대방이 반갑다고 'muito prazer(반갑습니다)'라고 인사를 하면
　'prazer é meu' 또는 'igualmente(저도 반갑습니다)'라고 인사합니다.

★ oi는 '안녕'이라는 뜻으로 일반적으로 친한 사이 또는 나이 차이가 많이 나지 않을 때 사용합니다.

★ 소유격
소유형용사는 '~의'로 해석되며 수식하는 명사의 성과 수에 일치시킵니다.
소유격이 대명사로 사용될 경우에는 반드시 정관사를 수반하며 대신하는 명사의 성과 수에 일치시킵니다. (자세한 내용은 98쪽 참조)

예 Qual é o seu nome?
　 Meu nome é Ji Yeon. E o seu?

첫 문장에서 'seu'는 nome라는 명사를 앞에서 수식하는 소유형용사로 사용되었으며 두 번째 문장에서의 'seu'는 앞에 나온 nome를 대신하는 대명사로 쓰였습니다.

3

M Cecília, qual é o seu sobrenome?
쎄씰리아, 꽈우 에 오 쎄우 쏘브래노매?

F É 'Alcântara'. E o seu?
에 '아우깐따라'. 이 오 쎄우?

M O meu é Oliveira.
오 매우 에 올리베이라.

M	쎄씰리아, 네 성은 뭐야?
F	'아우깐따라'야. 너의 성은?
M	나의 성은 올리베이라야.

qual 무엇
seu 당신의, 그녀의,
　그의 (소유격)
sobrenome 성
meu 나의 (소유격)
e 그러면, 그리고

기억하세요!

★ 이름, 성 또는 별명 등을 물어볼 때

Qual é o seu nome? 이름이 뭐예요?
꽈우 에 오 쎄우 노매?

Qual é o seu sobrenome? 성이 뭐예요?
꽈우 에 오 쎄우 쏘브래노매?

Qual é o seu apelido? 별명은 뭐예요?
꽈우 에 오 쎄우 아빨리도?

4

M Cecília, qual é o seu apelido?
쎄씰리아, 꽈우 에 오 쎄우 아뻴리도?

F O meu apelido é 'Ma'. E o seu?
오 매우 아뻴리도 에 '마'. 이 오 쎄우?

M O meu é 'Caio'.
오 매우 에 '카이우'.

M 쎄씰리아, 네 별명이 뭐야?
F 내 별명은 '마'야. 너의 별명은?
M 내 별명은 '카이우'야.

apelido 별명
qual 무엇 (의문사)
seu 당신의, 그녀의,
 그의 (소유격)
meu 나의 (소유격)

기억하세요!

★ 명사와 정관사 'o(s)'와 'a(s)'

포르투갈어의 모든 명사들은 남성과 여성으로 성이 나뉘어 있습니다. 따라서 그 명사의 성과 수에 따라 앞에 오는 관사의 형태가 달라지므로 단어 암기 시 단어의 뜻뿐만 아니라 성을 함께 암기하는 것이 좋습니다.

남성 단수 정관사는 'o', 복수는 'os'이며 여성 단수는 'a', 복수는 'as' 입니다.

(1과 문법편을 참조하세요.)

Ji-yeon	Qual é o seu nome?
	꽈우 에 오 쎄우 노매?

Rogério	O meu nome é Rogério. E o seu?
	오 매우 노매 에 호제리오. 이 오 쎄우?

Ji-yeon	Eu sou a Ji-yeon.
	애우 쏘우 아 지연.

Rogério	Muito prazer, Ji-yeon.
	무이뚜 쁘라젤, 지연.

Ji-yeon	Igualmente.
	이과우멘치.

지연	이름이 뭐야?
호제리오	내 이름은 호제리오야. 너의 이름은?
지연	나는 지연이야.
호제리오	만나서 반가워. 지연.
지연	나도 반가워.

muito 매우 많이   prazer 기쁨, 즐거움
igualmente ~도, 또한   e (접속사) 그러면, 그리고

기억하세요!

★ é와 e의 차이점

é는 '~이다'라는 의미로 (Ser 동사의 직설법 현재의 3인칭 단수) 주어의 성질, 특징 또는 지속적인 상태 등을 표현할 때 사용됩니다.

예 Ela é bonita. 그녀는 예쁘다.
　　엘라 에 보니따.

위 문장에서는 é는 주어인 'ela = 그녀'의 특징을 표현하기 위해 쓰였습니다. (문법편 2과를 참조해 주세요)

e는 '그리고, 그러면'이란 뜻의 접속사로서 단어와 단어, 문장과 문장을 연결해 주는 역할을 합니다.

예 Rogério e eu. 호제리오와 나.
　　호제리오 이 애우.

위 문장에서는 Rogério라는 단어와 eu라는 단어를 연결해 주며 '~와, 그리고, 그래서'라고 해석됩니다.

01 명사의 성

포르투갈어의 모든 명사들은 남성과 여성으로 나뉘어 있습니다.

1. 사람이나 동물을 나타내는 명사의 성은 자연 그대로의 성과 같습니다.

기본적으로 -o로 끝나는 명사들은 남성이며, -o를 제거하고 -a를 써 주면 여성이 됩니다.

예	
aluno 남학생 알루누	**aluna** 여학생 알루나
gato 수컷고양이 가뚜	**gata** 암컷고양이 가따
brasileiro 브라질 남자 브라질레이루	**brasileira** 브라질 여자 브라질레이라
amigo 남자친구 아미구	**amiga** 여자친구 아미가

2. -a, -e, -dade로 끝나는 단어와 -ção으로 마치는 단어는 대부분 여성입니다.

예		
casa 집 까자	**cama** 침대 까마	**bolsa** 가방 보우싸
tarde 낮, 오후 따르지	**cidade** 도시 씨다지	**estação** 계절 에스따싸웅

3. 자음으로 끝나는 대다수의 명사는 남성입니다. 사람과 동물을 나타내는 명사들은 남성 명사 어미에 -a를 붙이면 여성이 됩니다.

예	
português 포르투갈 남자 뽈뚜게스	**portuguesa** 포르투갈 여자 뽈뚜게자
professor (남) 교수 쁘로페쏘르	**professora** (여) 교수 쁘로페쏘라

예외 -a로 끝나지만 남성명사입니다.

예			
dia 날, 낮 지아	**problema** 문제 쁘로블레마	**pirata** 해적 삐라따	**telegrama** 전보 뗄래그라마
planeta 행성 쁠라네따	**poema** 시 뽀에마	**sofá** 소파 소파	**sintoma** 증상 씬또마

예외 자음이나 –o로 끝나지만 항상 여성 명사입니다.

viagem 여행 비아젱	**paisagem** 풍경 빠이자젱	**televisão** 텔레비전 뗄레비자웅

4. 남성형과 여성형이 같은 명사들은 관사로 명사의 성을 구분시켜 줍니다.

o dentista (남) 치과의사 오 댄치스따	**a dentista** (여) 치과의사 아 댄치스따
o jornalista (남) 기자 오 졸날리스따	**a jornalista** (여) 기자 아 졸날리스따
o gerente (남) 지배인 오 제랜치	**a gerente** (여) 지배인 아 제랜치

5. 남성형과 여성형의 형태가 전혀 다른 명사들의 변화

boi 황소 보이	**vaca** 암소 바카
cavalo 수컷 말 까발루	**égua** 암컷 말 애과
pai 아빠 빠이	**mãe** 엄마 마잉
homem 남자 오맹	**mulher** 여자 무례르
ator (남) 배우 아또르	**atriz** (여) 배우 아뜨리스

02 명사의 수

1. 기본적으로 명사에 s를 붙이면 복수가 됩니다.

단수	복수
aluno 남학생 알루누	**alunos** 남학생들 알루노스
carro 자동차 까후	**carros** 차들 까호스
moço 젊은이, 청년 모쑤	**moços** 젊은이들, 청년들 모쏘스

gato 수컷고양이 가뚜	gatos 수컷고양이들 가또스
casa 집 까자	casas 집들 까자스

2. -r, -s, -z로 끝나는 명사들은 어미에 -es를 덧붙여 복수형을 만듭니다.

예	단수	복수
	colher 숟가락 꼬례르	colheres 숟가락(들) 꼬례래스
	país 국가 빠이스	países 국가(들) 빠이제스

3. -m으로 끝나는 명사는 -ns로 변화시켜 줍니다.

예	단수	복수
	homem 남자 오맹	homens 남자들 오맹스
	jovem 청년 조뱅	jovens 청년들 조뱅스

03 정관사와 부정관사

1. 정관사

포르투갈어의 정관사는 영어의 the와 같다고 할 수 있습니다.

단수		복수	
남성	여성	남성	여성
o	a	os	as

포르투갈어에서의 모든 명사들은 남성과 여성으로 나뉘어 있습니다. 그 명사에 따라서 앞에 오는 관사의 성과 수가 달라집니다.

정관사는 기본적으로 특정한 명사 앞에 붙입니다. 즉 이미 나왔던 명사 혹은 이미 알고 있는 명사 앞에 쓰입니다.

o livro 그 책 오 리브루	**os** livros 그 책들 오스 리브로스

위 예시에서 livro(책)라는 명사는 남성 명사이기 때문에 앞에 남성 정관사가 옵니다. 따라서 명사 앞에 오는 관사 또한 명사의 성과 수에 일치시켜 줘야 합니다. 단수면 o, 복수면 os가 쓰입니다.

a casa 그 집 아 까자	**as** casas 그 집들 아스 까자스

위 예문에서는 casa(집)라는 명사가 여성 명사이므로 앞에 여성 관사를 수반합니다. 이에 따라 명사가 단수면 a, 복수면 as가 붙습니다.

2. 부정관사

단수		복수	
남성	여성	남성	여성
um	uma	uns	umas

부정관사는 처음으로 나온 명사 앞에 쓰이며 '몇몇의, 대략, 어느'의 의미를 갖습니다. 또한 앞에 나오는 명사의 성과 수에 따라 부정관사의 형태도 달라지게 됩니다.

um livro 한 권의 책 웅 리브루	**uns livros** 몇 권의 책들 웅스 리브로스

위 예문에서는 livro(책)라는 명사가 남성 명사이기 때문에 앞에 남성관사를 수반합니다. 단수면 um, 복수면 uns가 쓰입니다.

uma casa 한 채의 집 웅마 까자	**umas casas** 몇 채의 집들 웅마스 까자스

위 예문에서는 casa(집)라는 명사가 여성 명사이기 때문에 앞에 여성관사를 수반합니다. 단수면 uma, 복수면 umas가 쓰입니다.

다음 알파벳을 듣고 따라해 보세요.

a b c (ç) d e f g h i j k
l m n o p q r s t u
v w x y z

다음 대화를 듣고 따라하세요.

01

M　Oi. O meu nome é Denis.

F　Oi. Eu sou a Cecília.

02

F　Oi. Qual é o seu nome?

M　O meu nome é Denis. E o seu?

F　Oi. Eu sou a Cecília.

M　Muito prazer, Cecília.

F　Igualmente.

03

M　Cecília, qual é o seu sobrenome?

F　É 'Alcântara'. E o seu?

M　O meu é Oliveira.

04

M　Qual é o seu nome?

F　O meu nome é Clara. E o seu?

M　Eu sou o Estevam.

F　Muito prazer, Estevam.

M　Igualmente.

01 다음 문장을 완성해 보세요.

1. O meu nome é ________________________________ .

2. Eu sou o/a ____________________________ .

3. O meu sobrenome é ________________________ .

4. O meu apelido é ______________________ .

02 다음 질문에 대답해 보세요.

1. Qual é o seu nome? ____________________ .

2. Qual é o seu sobrenome? ________________________ .

3. Qual é o seu apelido? ________________________ .

03 다음 명사의 성과 수의 따라 정관사, 부정관사를 써 보세요.

(정관사)

1. _________ casas   2. __________ livros

3. __________ carro   4. _________ alunas

5. _________ moça   6. __________ cavalo

(부정관사)

1. _________ alunos   2. _________ casa

3. _________ alunas   4. _________ livro

5. _________ homem   6. _________ mulheres

04 듣기편의 4번 대화를 듣고 빈칸을 채우세요.

M   ____________ _____ o seu nome?

F   O meu nome é Clara. ___ ___ ______?

M   Eu sou ___ ____________ .

F   _________ ___________, ____________ .

M   _________________ .

moça 아가씨, 처녀

Book 1

02

Como vai?

잘 지내?

até logo	또 보자
bem	잘
bom	좋은
como vai?	어떻게 지내?
dia	낮, 날, 아침
noite	저녁
obrigado	감사하다, 고마워하다
também	~도, ~또한
tarde	오후, 늦게
tudo	다, 모든, 모두

1

M Bom dia, Cecília.
봉 지아, 쎄씰리아.

F Bom dia, Denis.
봉 지아, 데니스.

M Como vai?
꼬무 바이?

F Bem, obrigada.
뱅, 오브리가다.

bom 좋은
dia 날, 낮
como vai? 어떻게 지내?
obrigada 고마워
bom dia 안녕하세요
　(오전 인사)

M 안녕, 쎄씰리아.
F 안녕, 데니스.
M 어떻게 지내?
F 잘 지내, 고마워.

기억하세요!

★ bom dia는 오전에 하는 인사로서 영어의 good morning과 같은 표현이라고 할 수 있습니다.
정오까지는 bom dia라고 인사합니다.

2

F Boa tarde, Denis.
보아 따르지, 데니스

M Boa tarde, Cecília.
보아 따르지, 쎄씰리아

F Como vai você?
코무 바이 보쎄?

M Muito bem, obrigado.
무이뚜 뱅. 오브리가두.

F 안녕, 데니스.
M 안녕, 쎄씰리아.
F 너 어떻게 지내니?
M 아주 잘 지내. 고마워.

boa 좋은
tarde 오후
você 너, 당신
muito 매우, 많이
obrigado 고마워
boa tarde 안녕하세요
(오후 인사)

★ boa tarde는 오후에 하는 인사로서 영어의 good afternoon과 같은 표현이며 오후 12시 이후부터 오후 6시까지는 boa tarde라고 인사합니다.

★ bom과 boa
bom과 boa는 모두 '좋은'이라는 뜻이며 품사는 형용사입니다.
포르투갈어에서는 모든 명사들이 남성과 여성으로 나뉘어 있는데, 각 명사의 성과 수에 따라 명사를 수식해 주는 형용사의 형태도 달라지게 됩니다. 즉 tarde(오후)라는 명사는 여성 명사이기 때문에 앞에서 이를 수식해 주는 형용사 역시 bom의 여성형인 boa가 쓰여야 하며 dia는 남성 명사이기 때문에 bom이라는 남성 형용사가 쓰입니다.

3

M Boa noite, Cecília.
보아 노이치, 쎄씰리아.

F Boa noite, Denis.
보아 노이치, 데니스.

M Como vai você?
꼬무 바이 보쎄?

F Bem, obrigada. E você?
뱅, 오브리가다. 이 보쎄?

M Eu também.
애우 땀벵.

boa 좋은
noite 밤, 저녁
como 어떻게
também ~도, ~또한
boa noite 안녕하세요
 (저녁 인사)

M 안녕, 쎄씰리아.
F 안녕, 데니스.
M 어떻게 지내?
F 잘 지내, 고마워. 너는?
M 나도 (잘 지내).

기억하세요!

★ boa noite는 저녁에 하는 정중한 인사입니다. 영어의 good night와 유사한 표현이며 오후 6시 이후부터는 boa noite라고 인사합니다.
또한 boa noite는 '잘 자'라는 표현으로도 사용됩니다.

4

F Oi, Denis.
오이, 데니스.

M Oi, Cecília.
오이, 쎄씰리아.

F Como vai você?
꼬무 바이 보쎄?

M Bem, obrigado. E você?
뱅, 오브리가두. 이 보쎄?

F Também. Até logo.
땀뱅. 아떼 러구.

M Tchau.
차우.

até logo 또 봐
tchau 안녕, 잘 가

F 안녕, 데니스.
M 안녕, 쎄씰리아.
F 어떻게 지내?
M 잘 지내, 고마워. 너는?
F 나도 잘 지내. 또 보자.
M 안녕.

기억하세요!

★ oi와 tchau
oi와 tchau는 둘 다 '안녕'이라는 뜻이지만, oi는 만났을 때 쓰이고, tchau는 헤어질 때 '잘 가'라는 의미에서 쓰입니다.

| **Ji-yeon** | Boa tarde, Rogério. |
| | 보아 따르지, 호제리오. |

| **Rogério** | Boa tarde, Ji-yeon. |
| | 보아 따르지, 지연. |

| **Ji-yeon** | Como vai você? |
| | 꼬무 바이 보쎄? |

| **Rogério** | Bem, obrigado. E você? |
| | 뱅, 오브리가두. 이 보쎄? |

| **Ji-yeon** | Eu também muito bem. |
| | 애우 땀뱅 무이뚜 뱅. |

| **Rogério** | Bom fim de semana. |
| | 봉 핑 지 쎄마나. |

| **Ji-yeon** | Obrigada. Para você também. |
| | 오브리가다. 빠라 보쎄 땀뱅. |

| **Rogério** | Tchau. |
| | 챠우. |

지연	안녕, 호제리오.
호제리오	안녕, 지연.
지연	잘 지내?
호제리오	잘 지내, 고마워. 너는?
지연	나도 아주 잘 지내.
호제리오	좋은 주말 보내.
지연	고마워. 너도.
호제리오	안녕.

> também ~도, ~또한   muito 매우, 많이
> bom 좋은   fim de semana 주말   para ~에게

기억하세요!

★ obrigado

Obrigado는 동사 obrigar(강요하다)에서 파생된 단어입니다.

Obrigado가 감사의 표현으로 사용될 경우에는 품사가 형용사로서 감사의 뜻을 표하는 사람의 성과 수에 따라 형태가 변화됩니다.

– 남성 화자가 감사를 표할 때에는 obrigado라고 합니다.

– 여성 화자가 감사를 표할 때에는 obrigada라고 합니다.

– 한 남성 화자가 여러 사람을 대신해서 감사를 표할 때에는 obrigados라고 합니다.

– 한 여성 화자가 여러 사람(여성)을 대신해서 감사를 표할 때에는 obrigadas라고 합니다.

– 한 여성 화자가 여러 사람(남성과 여성)을 대신해서 감사를 표할 때에는 obrigados라고 합니다.

현재는 언어적 진화로 인해 'obrigado'는 감사의 뜻을 표할 때 사용하는 하나의 감탄사로도 사용되고 있습니다. 감탄사는 변형이 일어나지 않기 때문에 감사를 전하는 화자의 성과 수에 따라 형태가 변화되지 않습니다.

따라서 형용사로 쓰여 화자에 따라 변형이 일어날 수도 있고, 감탄사로 사용되어 화자의 성과 수에 상관없이 'obrigado'로 사용될 수 있으니 두 가지 모두 알고 있으면 좋겠죠!

01 주격 인칭대명사

단수	1인칭	eu 애우	나
	2인칭	tu 뚜	너
	3인칭	ele/ ela/ você/ o senhor/ a senhora 엘리/ 엘라/ 보쎄/ 오 쌩요르/ 아 쌩요라	그/ 그녀/ 너/ 당신(남)/ 당신(여)
복수	1인칭	nós 노스	우리
	2인칭	vós 보스	너희들
	3인칭	eles/ elas/ vocês/ os senhores/ as senhoras 엘리스/ 엘라스/ 보쎄스/ 오스 쌩요르에스/ 아스 쌩요라스	그들/ 그녀들/ 너희들/ 당신들(남)/ 당신들(여)

브라질에서는 일반적으로 2인칭을 지칭할 때, tu 대신 você(너, 당신)를 사용하지만 포르투갈 대다수의 지역에서는 tu(너)를 사용합니다.

'너/당신'이라는 뜻으로 2인칭을 지칭하기 위해 사용되는 'você, o senhor, a senhora, os senhores와 as senhoras'는 의미상 2인칭이지만 문법적으로 3인칭에 속하기 때문에 3인칭에 해당되는 동사를 써야 한다는 점에 주의해야 합니다.

예 Você é coreano? 당신은 한국 사람입니까?
보쎄 에 꼬레아누?

O senhor é brasileiro? 당신은 브라질 사람입니까?
오 쌩요르 에 브라질레이루?

Tu és coreano? 당신은 한국 사람입니까?
뚜 에스 꼬레아누?

말하는 대상이 자신보다 나이가 많거나 사회적으로 높은 사람일 경우 você 대신 senhor(a)를 씁니다.

02 Ser (쎌) 동사의 직설법 현재

1. Ser 동사의 인칭별 변화

단수	1인칭	eu	sou (쏘우)	나는	~ 이다
	2인칭	tu	és (에스)	너는	~ 이다
	3인칭	ele/ ela/ você/ o senhor/ a senhora	é (에)	그는/ 그녀는/ 너는/ 당신은 (남)/ 당신은(여)	~ 이다
복수	1인칭	nós	somos (쏘모스)	우리는	~ 이다
	2인칭	vós	sois (쏘이스)	너희들은	~ 이다
	3인칭	eles/ elas/ vocês/ os senhores/ as senhoras	são (쌍우)	그들은/ 그녀들은/ 너희들은/ 당신들은(남)/ 당신들은(여)	~ 이다

Ser 동사는 '~이다' 라는 의미로 영어의 be 동사와 유사한 용법으로 사용됩니다.
가장 기본적으로 [주어+Ser+명사/형용사]의 어순으로 쓰이며 앞에 나온 주어의 특징이
나 성질 또는 지속적인 조건 등을 나타내기 위해 쓰입니다.

여기서 주의할 점은 ser 동사 뒤에 오는 명사나 형용사는 반드시 주어의 성과 수에 일치시
켜야 한다는 것입니다.
예시1)과 2)에서 주어 ela가 주격인칭대명사 3인칭 단수이기 때문에 ser 동사의 3인칭 단
수형인 'é'가 사용되었으며 뒤에 온 명사와 형용사도 여성 단수 형태로 쓰였습니다.

3)에서는 주어 자리에 주격인칭대명사 1인칭 복수 nós, 동사 자리에는 ser동사의 1인칭 복수형인 somos가 쓰였으므로 보어 자리에 오는 명사도 estudante의 복수형인 estudantes를 써야 합니다.

2. Ser 동사의 기타 용법

[주어 + ser + de(전치사)] 뒤에 사람, 사물 또는 지명 등이 올 경우에는 '~의' 또는 '~으로' 해석되며 소유 또는 출신의 의미를 나타냅니다.

예	
Ele é de Portugal. 그는 포르투갈 출신이야. 엘리 에 지 뽀르뚜가우.
A caneta é de Rogério. 그 볼펜은 호제리오의 것이야. 아 까네따 에 지 호제리오.

03 Estar (에스딸) 동사의 직설법 현재

Estar 동사는 기본적으로 [주어 + estar + 형용사] (~하다; ~이다)의 어순으로 사용되며 ser 동사처럼 영어의 be 동사와 유사한 용법으로 쓰이지만, ser 동사와는 달리 주어의 일시적인 상황, 상태 및 특성을 나타냅니다.

1. Estar 동사의 인칭별 변화

단수	1인칭	eu	estou (에스또우)	나는	~하다, ~있다
	2인칭	tu	estás (에스따스)	너는	~하다, ~있다
	3인칭	ele/ ela/ você/ o senhor/ a senhora	está (에스따)	그는/ 그녀는/ 너는/ 당신은 (남)/ 당신은(여)	~하다, ~있다
복수	1인칭	nós	estamos (에스따모스)	우리는	~하다, ~있다
	2인칭	vós	estais (에스따이스)	너희들은	~하다, ~있다
	3인칭	eles/ elas/ vocês/ os senhores/ as senhoras	estão (에스땅우)	그들은/ 그녀들은/ 너희들은/ 당신들은(남)/ 당신들은(여)	~하다, ~있다

2. Estar 동사의 용법

(1) [주어 + 동사 + 형용사] '~하다'

Eu estou cansada. 나는 피곤하다.
애우 에스또우 깐싸다.

Está calor. 덥다.
에스따 까로르.

(2) [주어 + 동사 +전치사 em + 장소를 나타내는 명사] '~에 있다'

Nós estamos em casa. 우리는 집에 있다.
노스 에스따모스 앵 까자.

(3) [estar com + 형용사] '~하다'

Eu estou com sede. 나는 목이 마르다.
애우 에스또우 꽁 쎄지.

Nós estamos com sono. 우리는 졸리다.
노스 에스따모스 꽁 쏘누.

(4) [estar com + 명사 (사람)] '~와 함께 있다, (사물) ~을 가지고 있다'

Eu estou com o Rogério. 나는 호제리오와 함께 있다.
애우 에스또우 꽁 오 호제리오.

Eu estou com a caneta do Rogério. 나는 호제리오의 볼펜을 가지고 있다.
애우 에스또우 꽁 아 카네따 두 호제리오.

다음 대화를 듣고 따라하세요.

01

Cecília	Bom dia, Denis.
Denis	Bom dia, Cecília.
Cecília	Como vai você?
Denis	Muito bem, obrigado. E você?
Cecília	Também muito bem.
Denis	Tenha um bom fim de semana.
Cecília	Obrigada. Para você também.
Denis	Até logo.
Cecília	Tchau.

02

Denis	Boa noite, Cecília.
Cecília	Boa noite, Denis.
Denis	Como vai você?
Cecília	Bem, obrigada. E você?
Denis	Tudo ótimo.

03

Cecília	Boa tarde, Denis.
Denis	Boa tarde, Cecília.
Cecília	Como vai você?
Denis	Muito bem, obrigado.

tenha 가지다 (Ter 동사의 접속법 현재의 1인칭 단수)
tudo 모든, 모두, 전체   ótimo 아주 좋은
Tenha um bom fim de semana 주말 잘 보내

01   다음 빈칸을 알맞게 채워 대화를 자연스럽게 만들어 보세요.

F   _________, Denis.   안녕, 데니스.

M   _________, Cecília. 안녕, 쎄씰리아.

F   ____________ __________ você? 잘 지내니?

M   Bem, ______________. E ______________? 잘 지내. 고마워. 너는?

F   ______________. Até ______________. 나도. 또 보자.

M   ________________. 안녕.

02   다음 빈칸에 인칭에 따라 ser 또는 estar 동사의 알맞은 형태를 쓰세요.

1. Eu ___________________ professora.

2. Ele ___________________ em casa.

3. Nós ___________________ cansados.

4. Elas ___________________ bonitas.

5. Você ___________________ alto.

6. Eles ___________________ estudantes.

7. Eu ___________ coreano.

8. A Maria ___________ brasileira.

9. Eu ___________________ com sede.

10. Ele ___________ com fome.

03   듣기편의 1번 대화를 듣고 빈칸을 채우세요.

Cecília   ________________ , Denis.

Denis   Bom dia, Cecília.

Cecília   ________________________________?

Denis   ____________________________, obrigado. E você?

Cecília   ______________ muito bem.

Denis   Tenha um bom ____________________.

Cecília   ____________________. Para você ____________________.

Denis   ____________________.

Cecília   ____________________.

03

Nacionalidades

국적

alemão	독일 사람
americano	미국 사람
argentino	아르헨티나 사람
brasileiro	브라질 사람
coreano	한국 사람
espanhol	스페인 사람
italiano	이태리 사람
japonês	일본 사람
mexicano	멕시코 사람
russo	러시아 사람

1

M De onde você é?

지 옹지 보쎄 에?

F Sou de Seul, Coreia. E você?

쏘우 지 쎄우, 꼬레이아. 이 보쎄?

M Sou de São Paulo, Brasil.

쏘우 지 쌍빠울루, 브라지우.

M 너는 어디 출신이야?
F 나는 한국 서울 출신이야. 너는?
M 나는 브라질, 상파울로 출신이야.

---

de ~의, ~로부터
onde 어디에
é ~이다 (ser 동사의 3인칭 단수)
sou ~이다 (ser 동사의 1인칭 단수)
Coreia 한국
Brasil 브라질

기억하세요!

★ 출신지를 말할 때에는 [(Eu) sou de + 출신지] (저는 ~ 출신입니다)의 형태로 표현합니다. 여기서 **sou**는 '~이다'라는 뜻으로 ser (~이다) 동사의 1인칭 단수에서만 사용됩니다. 즉, 동사만으로도 주어를 구분할 수 있기 때문에 1인칭에 해당되는 주격인칭대명사 **eu**(나)는 생략해도 무관합니다.

예 De onde você é? 당신은 어디 출신인가요? / 당신은 어디서 왔나요?

지 옹지 보쎄 에?

Sou de Seul, Coreia. 저는 한국 서울 출신이에요.

쏘우 지 쎄우, 꼬레이아.

2

M De onde você é?
지 옹지 보쎄 에?

F Sou de Tóquio, Japão. E você?
쏘우 지 또끼우, 자빠웅. 이 보쎄?

M Sou de Lisboa, Portugal.
쏘우 지 리스보아, 뽀르뚜가우.

M 넌 어디 출신이야?
F 나는 일본 도쿄 출신이야. 너는?
M 나는 포르투갈 리스본 출신이야.

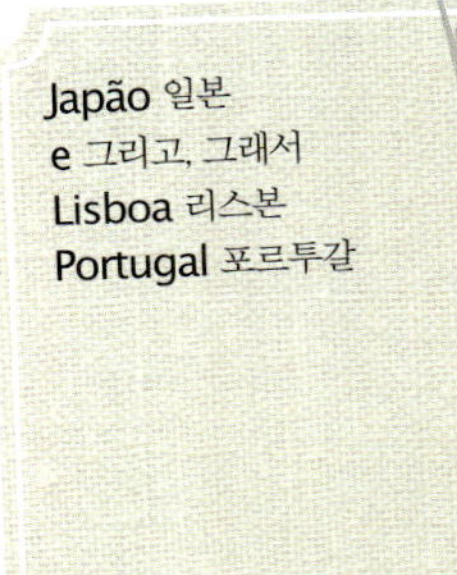

기억하세요!

★ 한국에서는 출신지 또는 주소 등을 쓸 때 큰 단위에서 작은 단위로 내려가면서 쓰지만 포어
에서는 반대로 작은 단위에서 큰 단위 순서로 씁니다.

예 동과 호수 〉 아파트명 〉 번지수 〉 길 이름 〉 도시명 〉 지역명과 우편번호 〉 국가명

★ 따라서 출신지를 나타낼 때에도 지역명을 먼저 쓰고 그 다음에 국가명을 씁니다.

예 Seul, Coreia 서울, 대한민국

3

M Você é japonesa?
보쎄 에 자뽀네자?

F Não, sou coreana. E você é brasileiro?
나웅, 쏘우 꼬레아나. 이 보쎄 에 브라질레이루?

M Sim, sou brasileiro.
씽, 쏘우 브라질레이루.

M 너는 일본(여성) 사람이니?
F 아니, 나는 한국(여성) 사람이야. 그럼 너는 브라질 사람이니?
M 맞아, 나는 브라질 사람이야.

japonesa 일본인 (여성)
não 아니, ~ 아님
coreana 한국인 (여성)
brasileiro 브라질 사람
　(브라질 남자)
sim 응, 맞아

기억하세요!

★ 출신지를 묻고 답할 때

De onde você é? 당신은 어디 출신인가요? / 당신은 어디서 왔나요?
지 옹지 보쎄 에?

Você é + 국적? 당신은 ~사람입니까?
보쎄 에~

Sou de + 출신지 저는 ~ 출신입니다.

예 **Sou de Portugal.** 나는 포르투갈 출신이야.
쏘우 지 뽀르뚜가우.

4

M Você é americana?
보쎄 에 아메리까나?

F Não, sou mexicana. E você é argentino?
나웅, 쏘우 멕씨까나. 이 보쎄 에 아르젠치누?

M Não, sou espanhol.
나웅, 쏘우 에스빠뇨우.

M 너 미국 사람이니?
F 아니, 나는 멕시코(여성) 사람이야. 너는 아르헨티나 사람이니?
M 아니, 나는 스페인 사람이야.

americana 미국 사람
　(여성)
mexicana 멕시코 사람
　(여성)
argentino 아르헨티나 사람
　(아르헨티나 남자)
espanhol 스페인 사람
　(스페인 남자)
não 아니, ~아님

기억하세요!

★ 포어의 모든 명사들은 남성과 여성으로 성이 나뉘어 있습니다. 따라서 ser 동사 뒤에 나와서 앞에 나온 주어를 설명해 주거나 꾸며 주며 보어 역할을 하는 명사나 형용사는 자신이 수식하는 명사/주어의 성과 수에 일치해야 합니다.
기본적으로 어미가 −o로 끝나면 남성, −a로 끝나면 여성입니다.

예 **Ela é coreana.** 그녀는 한국(여성)인입니다.
엘라 에 꼬레아나.

Ele é coreano. 그는 한국(남성)인입니다.
엘리 에 꼬레아누.

(3과 문법편을 참조하세요.)

Ji-yeon Rogério, de onde você é?
호제리오, 지 옹지 보쎄 에?

Rogério Sou de São Paulo, Brasil. E você? Você é japonesa?
쏘우 지 쌍빠울루, 브라지우. 이 보쎄? 보쎄 에 자뽀네자?

Ji-yeon Não, sou coreana.
나웅, 쏘우 꼬레아나.

지연	호제리오, 너는 어디 출신이니?
호제리오	나는 브라질 상파울로 출신이야. 너는? 너는 일본 사람이니?
지연	아니. 나는 한국(여성) 사람이야.

de ~의, ~로부터 onde 어디
japonesa 일본인 (여성) não 아니, ~아님
oreana 한국인 (여성)

기억하세요!

의미	〈남성〉	〈여성〉	의미	〈남성〉	〈여성〉
독일 사람, 독일의	alemão	alemã	스페인 사람, 스페인의	espanhol	espanhola
미국 사람, 미국의	americano	americana	이탈리아 사람, 이탈리아의	italiano	italiana
아르헨티나 사람, 아르헨티나의	argentino	argentina	일본 사람, 일본의	japonês	japonesa
브라질 사람, 브라질의	brasileiro	brasileira	멕시코 사람, 멕시코의	mexicano	mexicana
한국 사람, 한국의	coreano	coreana	러시아 사람, 러시아의	russo	russa

문법

01 형용사

형용사는 일반적으로 명사 뒤에서 놓여 명사를 직접 수식하거나 또는 보어로 쓰여 주어의 성질 또는 속성을 나타내는 역할을 합니다. 포어에서 모든 명사들은 남성 혹은 여성으로 나뉘어 있는데, 형용사는 수식하는 그 명사의 성과 수에 따라 변화합니다.

1. 형용사의 성 일치

(1) 기본적으로 어미가 −o로 끝나는 형용사는 남성형이며, 여성형은 −o를 제거하고 −a로 바꿔 줍니다.

의미	남성	여성
멋진, 예쁜, 멋있는	bonito	bonita
한국의	coreano	coreana
값이 비싼	caro	cara
값이 싼	barato	barata
피곤한	cansado	cansada
바쁜	ocupado	ocupada
늦은	atrasado	atrasada

위 예문에서는 앞에 나온 aluno(남학생)가 남성 단수명사이기 때문에 뒤에서 이를 꾸며 주고 있는 형용사 bonito(멋진) 역시 남성 단수 형태로 쓰여야 합니다.

(2) 다음과 같은 형용사는 남성형태와 여성형태가 같습니다.

영리한, 똑똑한	inteligente
힘이 센	forte
행복한	feliz
가난한	pobre
큰	grande
어려운	difícil
푸른	azul

예 Menina inteligente 영리한 소녀

Menino inteligente 영리한 소년

2. 형용사의 수 일치

(1) 보통은 형용사 어미에 −s를 덧붙여 복수형태를 만듭니다.

의미	단수	복수
멋진, 예쁜, 멋있는	bonito	bonitos
한국의	coreano	coreanos
값이 비싼	caro	caros
값이 싼	barato	baratos
피곤한	cansado	cansados
바쁜	ocupado	ocupados
늦은	atrasado	atrasados
영리한, 똑똑한	inteligente	inteligentes

(2) 어미가 −m으로 끝나면 m을 제거하고 −ns로 고쳐 줍니다.

의미	단수	복수
나쁜, 못된	ruim	ruins

예 | Menino ruim 나쁜 소년

Meninos ruins 나쁜 소년들

(3) 어미가 −il로 끝나면 il을 제거하고 eis로 바꿔 줍니다.

의미	단수	복수
어려운	difícil	difíceis

예

Problema difícil 어려운 문제
Problemas difíceis 어려운 문제들

(4) −ês로 끝나는 형용사는 acento circunflexo [^]를 제거하고 어미에 es를 덧붙여 줍니다.

의미	단수	복수
일본의	japonês	japoneses
중국의	chinês	chineses
포르투갈의	português	portugueses

예

Eu sou chinês. 나는 중국인이다. 애우 쏘우 시네스.
Eles são chineses. 그들은 중국인이다. 엘리스 싸웅 시네제스.

다음 대화를 듣고 따라하세요.

01   M   De onde você é?

        F   Sou de Seul, Coreia. E você?

        M   Sou de Portugal.

02   M   Você é japonesa?

        F   Não, sou coreana. E você é americano?

        M   Não, sou russo.

03   M   Você é espanhola?

        F   Não, não sou.

        M   Então de onde você é?

        F   Sou de Seul, Coreia. E você? Você é americano?

        M   Não, sou brasileiro.

04   F   Estevam, de onde você é?

        M   Sou de São Paulo, Brasil. E você? Você é japonesa?

        F   Não, sou chinesa.

então 그러면
espanhola 스페인 사람 (여성)

01 다음 빈칸을 알맞게 채워 대화를 자연스럽게 만들어 보세요.

M   ______ ____________ você é? 너는 어디 출신이니?

F   _______ de Seul, Coreia. ________ você? 나는 한국 서울에서 왔어. 너는?

M   Sou de ________________, ____________. 나는 일본 도쿄에서 왔어.

M   Você é ______________? 너는 일본 사람이니?

F   Não, sou ______________. E __________? 아니, 나는 한국 사람이야. 너는?

M   __________ brasileiro. 나는 브라질 사람이야.

02 다음 남성 형용사는 여성으로, 여성은 남성으로 고치세요.

1. Bonito ____________________

2. Cara ______________________

3. Ocupada ________________

4. Barato __________________

5. Cansada ________________

03 다음 단수는 복수로, 복수는 단수 형태로 바꿔 주세요.

1. Japonês ____________________

2. Chineses __________________

3. Mexicano __________________

4. Português ____________________

5. Espanhol ________________________

04 듣기편의 3번 대화를 듣고 빈칸을 채우세요.

M   Você é ______________?

F   Não, ____________________.

M   __________________________________?

F   __________ Seul, Coreia. E você? Você é ____________________?

M   Não, ____________________________.

04
Profissão

직업

advogado	변호사
cantor	가수
contabilista	회계사
dentista	치과의사
enfermeira	간호사
engenheiro	엔지니어
escritor	작가
estudante	학생
médico	의사
motorista	운전기사
professor	교수
secretária	비서

1

M O que você faz?

오 깨 보쎄 파스?

F Eu sou advogada. E você?

애우 쏘우 아지보가다. 이 보쎄?

M Sou dentista.

쏘우 댄치스따.

F Que profissão interessante!

깨 쁘로피싸웅 인떼레싼치!

M 무슨 일하세요?
F 저는 변호사예요. 당신은요?
M 저는 치과의사예요.
F 아주 흥미로운 직업이네요.

---

faz ~하다 (fazer동사의
　직설법현재의 3인칭 단수)
que interessante
　정말 흥미롭네요! (감탄사)
profissão 직업

기억하세요!

★ 감탄문

① **Que** + 명사 (부사/형용사)!

　예 Que profissão interessante! 아주 흥미로운 직업이네요!

② **Como** + 동사 (부사/형용사)!

　예 Como falam alto! (그들은) 얼마나 시끄럽게 이야기하는지!

2

F Qual é a sua profissão?
꽈우 에 아 쑤아 쁘로피싸웅?

M Sou professor de inglês. E você?
쏘우 쁘로페쏘르 데 잉글레스. 이 보쎄?

F Sou cantora.
쏘우 깐또라.

M Muito prazer.
무이뚜 쁘라제르.

qual 무엇, 어떤 것
professor 교수
de ~의
inglês 영어, 영국인, 영어의
cantora 가수(여성)
prazer 기쁨, 즐거움

F 당신의 직업은 무엇입니까?
M 저는 영어 교수입니다. 당신은요?
F 저는 가수예요.
M 반갑습니다.

기억하세요!

★ 포어에서는 인칭에 따라 동사 형태가 변화되므로 주어가 1인칭 단수(eu)나 1인칭 복수(nós) 일 경우에는 동사만으로도 주어를 구분할 수 있기 때문에 주어를 생략할 수 있습니다.

예 (Eu) Sou advogado. 저는 변호사입니다.
(Nós) Somos advogados. 우리는 변호사입니다.

3

M O que você faz?
오 깨 보쎄 파스?

F Sou enfermeira. E você?
쏘우 엔페르메이라. 이 보쎄?

M Sou escritor.
쏘우 에스끄리또르

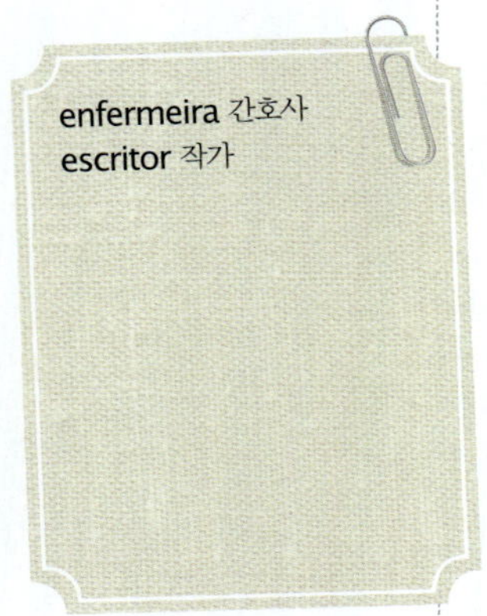

enfermeira 간호사
escritor 작가

M 무슨 일하세요?
F 저는 간호사예요. 당신은요?
M 저는 작가입니다.

기억하세요!

★ 직업 묻기

O que você faz? 무슨 일하세요?
오 깨 보쎄 파스?

Qual é a sua profissão? 당신의 직업은 무엇입니까?
꽈우 에 아 쑤아 쁘로피싸웅?

★ 직업을 나타내는 명사 또한, 주어의 성과 수에 따라 변화가 일어납니다.

예 Ela é professora. 그녀는 교수입니다.

Ele é professor. 그는 교수입니다.

Eles são professores. 그들은 교수입니다.

4

F Oi, Denis. Como vai?
오이, 데니스. 꼬무 바이?

M Oi, Cecília. Muito bem, e você?
오이, 쎄씰리아. 무이뚜 뱅. 이 보쎄?

F Eu também. Obrigada.
애우 땀뱅. 오브리가다.

M Cecília, o que você faz?
쎄씰리아, 오 깨 보쎄 파스?

F Sou estudante. E você?
쏘우 에스뚜단치. 이 보쎄?

M Sou motorista. O que você estuda?
쏘우 모또리스따. 오 깨 보쎄 에스뚜다?

F Estudo medicina na Unicamp.
에스뚜두 매지씨나 나 우니깜삐.

como vai? 어떻게 지내?
também ~도, 또한
obrigada 고마워
estudante 학생
o que 무엇
estudo 공부하다
 (estudar 동사의 직설법
 현재의 1인칭 단수)
medicina 의학
motorista 운전기사

F 안녕, 데니스. 잘 지내?
M 안녕, 쎄씰리아. 나야 아주 잘 지내지. 너는?
F 나도 아주 잘 지내. 고마워.
M 쎄씰리아, 너는 무슨 일해?
F 나는 학생이야. 너는?
M 나는 운전기사야. 전공이 뭐니?
F 우니깜삐 대학교에서 의학을 공부하고 있어.

Rogério   Oi, Ji-yeon.
오이, 지연.

Ji-yeon   Oi Rogério. Como vai?
오이 호제리오. 꼬무 바이?

Rogério   Tudo ótimo. E você?
뚜두 오치무. 이 보쎄?

Ji-yeon   Também muito bem. Obrigada.
땀벵 무이뚜 벵. 오브리가다.

Rogério   Ji-yeon, o que você faz?
지연, 오 깨 보쎄 파스?

Ji-yeon   Sou intérprete. E você?
쏘우 인떼르쁘레치. 이 보쎄?

Rogério   Sou contabilista. Quantas línguas você fala?
쏘우 꼰따빌리스따. 꽌따스 링과스 보쎄 팔라?

Ji-yeon   Quatro. Falo coreano, português, espanhol e inglês.
꽈뜨루. 팔루 꼬레아누, 뽀르뚜게스, 에스빠뇨우 이 잉글레스.

Rogério   Que moça inteligente!
깨 모싸 인뗄리젠치!

호제리오	안녕, 지연.
지연	안녕, 호제리오. 잘 지내?
호제리오	아주 잘 지내. 너는?
지연	나도 아주 잘 지내. 고마워.
호제리오	지연, 너는 무슨 일해?
지연	나는 통역사야. 너는?
호제리오	나는 회계사야. 너는 몇 개의 언어를 하니?
지연	4개. 한국어, 포르투갈어, 스페인어 그리고 영어를 해.
호제리오	아주 똑똑한 숙녀구나!

ótimo 훌륭한, 아주 잘   muito 아주, 매우
intérprete 통역사   quantas 몇 개의, 얼마의, 얼마나 많은
fala 말하다   falar 동사의 직설법현재의 3인칭 단수
línguas 언어   moça 소녀, 아가씨, 숙녀   inteligente 똑똑한

01 규칙동사의 변화 (–AR, –ER, –IR)

포르투갈어의 모든 동사의 원형은 항상 -r로 끝납니다. 일반적으로 대부분의 동사의 어미는 -ar, -er, -ir로 끝납니다.

어미가 -ar로 마치는 동사는 제1변화동사, 어미가 -er로 끝나는 동사는 제2변화동사, 어미가 -ir로 끝나는 동사는 제3변화동사라고 불립니다.

* 규칙동사들의 어미는 인칭에 따라 다음과 같은 법칙에 따라 변화됩니다.

인칭	–ar	–er	–ir
Eu	–o	–o	–o
Tu	–as	–es	–es
Ele/ Ela/ Você	–a	–e	–e
Nós	–amos	–emos	–imos
Vós	–ais	–eis	–is
Eles/ Elas/ Vocês	–am	–em	–em

1. –ar 제1변화

Gostar 좋아하다

Eu gosto. 나는 좋아한다.
Tu gostas. 너는 좋아한다.
Ele/ ela/ você gosta. 그/그녀/당신은 좋아한다.
Nós gostamos. 우리는 좋아한다.
Vós gostais. 너희들은 좋아한다.
Eles/ elas/ vocês gostam. 그들/그녀들/당신들은 좋아한다.

* Gostar 동사는 항상 뒤에 전치사 de(을/를)를 수반하며 뒤에는 명사나 동사의 원형이 올 수 있습니다.

Gostar de + 명사 ~을 좋아한다

Gostar de + 동사원형 ~하는 것을 좋아한다

예	Eu gosto de chocolate. 나는 초콜릿을 좋아한다.
	Eu gosto de comer chocolate. 나는 초콜릿 먹는 것을 좋아한다.

Telefonar 전화하다

Eu telefon**o**. 나는 전화한다.

Tu telefon**as**. 너는 전화한다.

Ele/ ela/ você telefon**a**. 그/그녀/당신은 전화한다.

Nós telefon**amos**. 우리는 전화한다.

Vós telefon**ais**. 너희들은 전화한다.

Eles/ elas/ vocês telefon**am**. 그들/그녀들/당신들은 전화한다.

예	Nós telefonamos de Londres para nossos pais.
	우리는 런던에서 부모님께 전화를 한다.

Falar 말하다

Eu fal**o**. 나는 말한다.

Tu fal**as**. 너는 말한다.

Ele/ ela/ você fal**a**. 그/그녀/당신은 말한다.

Nós fal**amos**. 우리는 말한다.

Vós fal**ais**. 너희들은 말한다.

Eles/ elas/ vocês fal**am**. 그들/그녀들/당신들은 말한다.

예	Vocês falam inglês. 당신들은 영어를 한다.
	Meu pai fala japonês. 우리 아버지는 일본어를 한다.

2. –er 제2변화

Comer 먹다

Eu com**o**. 나는 먹는다.

Tu com**es**. 너는 먹는다.

Ele/ ela/ você com**e**. 그/그녀/당신은 먹는다.

Nós com**emos**. 우리는 먹는다.

Vós com**eis**. 너희들은 먹는다.

Eles/ elas/ vocês com**em**. 그들/그녀들/당신들은 먹는다.

Receber 받다

Eu receb**o**. 나는 받는다.

Tu receb**es**. 너는 받는다.

Ele/ ela/ você receb**e**. 그/그녀/당신은 받는다.

Nós receb**emos**. 우리는 받는다.

Vós receb**eis**. 너희들은 받는다.

Eles/ elas/ vocês receb**em**. 그들/그녀들/당신들은 받는다.

Beber 마시다

Eu beb**o**. 나는 마신다.

Tu beb**es**. 너는 마신다.

Ele/ ela/ você beb**e**. 그/그녀/당신은 마신다.

Nós beb**emos**. 우리는 마신다.

Vós beb**eis**. 너희들은 마신다.

Eles/ elas/ vocês beb**em**. 그들/그녀들/당신들은 마신다.

3. −ir 제3변화

Decidir 결정하다, 판단하다

Eu decido. 나는 결정한다.

Tu decides. 너는 결정한다.

Ele/ ela/ você decide. 그/그녀/당신은 결정한다.

Nós decidimos. 우리는 결정한다.

Vós decidis. 너희들은 결정한다.

Eles/ elas/ vocês decidem. 그들/그녀들/당신들은 결정한다.

Partir 떠나다, 출발하다

Eu parto. 나는 떠난다.

Tu partes. 너는 떠난다.

Ele/ ela/ você parte. 그/그녀/당신은 떠난다.

Nós partimos. 우리는 떠난다.

Vós partis. 너희들은 떠난다.

Eles/ elas/ vocês partem. 그들/그녀들/당신들은 떠난다.

Abrir 열다

Eu abro. 나는 연다.

Tu abres. 너는 연다.

Ele/ ela/ você abre. 그/그녀/당신은 연다.

Nós abrimos. 우리는 연다.

Vós abris. 너희들은 연다.

Eles/ elas/ vocês abrem. 그들/그녀들/당신들은 연다.

다음 대화를 듣고 따라하세요.

01
F O que você faz?
M Sou professor. E você?
F Sou cantora. O que você ensina?
M Ensino inglês.
F Que profissão interessante!

02
F Oi, Denis. Como vai?
M Oi, Cecília. Eu muito bem, e você?
F Também. Obrigada.
M Cecília, o que você faz?
F Sou estudante. E você?
M Sou motorista. O que você estuda?
F Estudo medicina na Unicamp .

03
M Cecília, o que você faz?
F Sou intérprete. E você Estevam?
M Sou professor. Quantas línguas você fala?
F Quatro. Falo italiano, japonês, chinês e inglês.
M Que profissão interessante!
F Obrigada. E o que você ensina?
M Eu ensino português.

intérprete 통역사　ensinar 가르치다
estudar 공부하다, 학습하다　contabilista 회계사
quantas 몇 개의, 얼마나 많은

01　다음 빈칸을 알맞게 채워 대화를 자연스럽게 만들어 보세요.

M　______________, Cecília.　안녕, 쎄씰리아.

F　Oi, Denis. __________ __________?　안녕, 데니스. 잘 지내?

M　Bem, ________________. E ________?　잘 지내. 고마워. 너는?

F　______________, bem. ________________.　나도 잘 지내. 고마워.

M　Cecília, ___ ____________você faz?　쎄씰리아, 너는 무슨 일하니?

F　Sou ______________. ____ você?　나는 간호사야. 너는?

M　Sou ______________.　나는 변호사야.

F　________________________________!　아주 흥미로운 직업이구나!

02　다음 동사를 인칭에 맞게 변화시켜 빈칸을 채우고 번역하세요.

1. (gostar) Ele ______________ de chocolate.

2. (abrir) Ele sempre ______________ a loja às 9 horas.

3. (discutir) Nós sempre ________________com ele.

4. (beber) Ela ________________ muito café de manhã.

5. (comer) Eu ______________ pão com queijo à tarde.

6. (comer) Nós __________________ pizza todos os dias.

7. (gostar) Você ______________ de ouvir música?

8. (partir) O trem ______________ desta estação.

9. (tomar) Eu ______________ bastante água.

10. (receber) Ele ________________ a carta de sua filha.

03　듣기편의 3번 대화를 듣고 다음 질문에 답하세요.

1. Qual é a profissão de Cecília?
________________________________.

2. Quantas línguas ela fala?
________________________________.

3. O que o Estevam faz?
________________________________.

4. O que o Estevam ensina?
________________________________.

chocolate 초콜릿 loja 가게, 상점 horas 시, 시간 café 커피 de manhã 아침에 pão com queijo 빵과 치즈 à tarde 오후에 todos os dias 매일 ouvir 듣다 música 음악 desta (de+esta) 이, 이것 estação (기차)역 bastante 충분한 água 물 carta 편지 filha 딸

05

Apresentação

소개

avó	할머니
avô	할아버지
esposa	아내, 부인
filha	딸
filho	아들
irmã	언니, 여동생
irmão	오빠, 남동생
mãe	엄마
marido	남편
namorada	여자친구
namorado	남자친구
pai	아빠

1

M Quem é esta senhora na foto?
깽 에 에스따 쌩요라 나 포뚜?

F Essa é minha mãe.
에싸 에 밍야 망에.

M E quem é este ao lado dela?
이 깽 에 에스치 아우 라두 델라?

F Esse é meu pai.
에쎄 에 매우 빠이.

quem 누구
foto 사진
esta 이, 이분 (여성)
na ~에 (장소를 나타내는 전치사)
mãe 엄마
essa 그, 그분 (여성)
ao lado de ~옆에

M 사진 속 이분은 누구셔?
F 그분은 우리 엄마야.
M 어머님 옆에 계신 이분은?
F 그분은 우리 아빠셔.

기억하세요!

★ esta '이, 이것, 이 사람'와 essa '그, 그것, 그 사람'
esta와 essa는 지시형용사로서 명사 앞에 위치하며, 반드시 수식하는 명사의 성과 수에 일치 시켜 줍니다.
가리키고자 하는 대상이 화자에게 가까우면 este(s)와 esta(s)를 사용하며 듣는 사람에게 가까이 있을 경우 esse(s)와 essa(s)를 씁니다.

예 Este menino é muito esperto. 이 소년은 매우 영리하다.
예 Essa menina é muito esperta. 그 소녀는 매우 영리하다.

(자세한 사항은 5과 문법편을 참조하세요.)

2

M Quem são estes na foto?
깽 싸웅 에스치스 나 포뚜?

F Esses são meus irmãos.
에쎄스 싸웅 매우스 이르마웅스.

M E esta moça? Quem é?
이 에스따 모싸? 깽 에?

F Essa é minha irmã mais velha.
에싸 에 밍야 이르망 마이스 밸랴.

M Ela é muito bonita.
엘라 에 무이뚜 보니따.

F Obrigada.
오브리가다.

quem 누구
irmãos 형제들
moça 아가씨
velha 늙은, 나이든
mais 더
muito 매우
bonita 예쁜

M 사진에 이분들은 누구야?
F 그들은 우리 오빠들이야.
M 이 아가씨는? 누구야?
F 그쪽은 우리 언니야.
M 아주 미인이시네.
F 고마워.

기억하세요!

★ '언니', '동생' 그리고 '오빠'라는 표현을 하기 위해서는 mais velho(더 나이가 든)과 mais novo(더 어린)을 사용합니다.

예 Irmã mais velha 언니
Irmão mais velho 오빠
Irmã mais nova 여동생
Irmão mais novo 남동생

3

M Quem é esta senhora?
깽 에 에스따 쌩요라?

F Essa é minha avó.
에싸 에 밍야 아버.

M E este senhor?
이 에스치 쌩요르?

F Esse é meu avô.
에쎄 에 매우 아보.

M Onde eles moram?
옹지 앨리스 모랑?

F Meus avós moram na Itália.
매우스 아버스 모랑 나 이딸리아.

---

senhora 아주머니,
  여자 분
avó 할머니
avô 할아버지
onde 어디
avós 조부모님
moram 살다
  (morar 동사의 직설법현재
  의 3인칭 복수)
Itália 이태리

M 사진 속 이 여성분은 누구이셔?
F 그분은 우리 할머니야.
M 이 남자분은?
F 그분은 우리 할아버지셔.
M 이분들은 어디 사셔?
F 우리 조부모님은 이태리에 사셔.

기억하세요!

★ 포르투갈어의 명사, 형용사 등은 남성, 여성으로 나뉘어 있는데, 남성과 여성이 함께 올 경우
  항상 남성 복수 형태를 써 줍니다.

  Ele e ela (그와 그녀) = eles (그들)

★ 예를 들자면, 한 교실에 10명의 학생이 있는데, 그중에서 9명이 여학생이고 1명만 남학생이라
  하더라도 남성 복수 형태로 써 줍니다.

  Os alunos estão na escola. 그 학생들은 학교에 있다.
  Aluna 여학생
  Aluno 남학생

M Quem é aquele menino?
깽 에 아껠리 매니누?

F Aquele é o meu primo, Denis.
아껠리 에 매우 쁘리무, 데니스.

M E aquela senhora ao lado dele? Quem é?
이 아껠라 쌩요라 아우 라두 델리? 깽 에?

F É minha tia, a mãe dele.
에 망야 치아, 아 망에 델리.

primo 사촌
aquele 저, 저것, 저분
(남성)
aquela 저, 저것, 저분
(여성)
senhora ~씨, 아주머니
ao lado ~ 옆에
dele 그의
tia 고모, 이모, 숙모

M 저 남자아이는 누구야?
F 저 애는 내 사촌 동생, 데니스야.
M 그의 옆에 있는 저 여자분은? 누구셔?
F 사촌 동생의 엄마이자 우리 고모이셔.

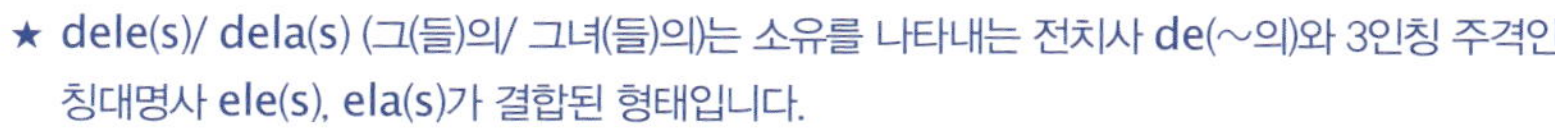

★ **dele(s)/ dela(s)** (그(들)의/ 그녀(들)의)는 소유를 나타내는 전치사 **de**(~의)와 3인칭 주격인
칭대명사 **ele(s), ela(s)**가 결합된 형태입니다.

de + ele(s) = dele(s) 그(들)의
de + ela(s) = dela(s) 그녀(들)의

Sua caneta. 당신의 볼펜.
Caneta dela. 그녀의 볼펜.

위 예문과 같이 3인칭 소유형용사 **seu(s)**와 **sua(s)**는 소유자의 성을 구분할 수 없으므로 소
유자의 성을 나타내기 위해서는 **dele(s)**와 **dela(s)**를 사용합니다.

Rogério Ji-yeon, quem é esta senhora na foto?
지연, 깽 에 에스따 쌩요라 나 포뚜?

Ji-yeon Essa é minha mãe.
에싸 에 밍야 망에.

Rogério E este senhor que está ao lado de sua mãe é seu pai?
이 에스치 쌩요르 깨 에스따 아우 라두 지 쑤아 망에 에 쎄우 빠이?

Ji-yeon Sim, é meu pai.
씽, 에 매우 빠이.

Rogério Quem são aquelas moças que estão com você naquele quadro?
깽 싸웅 아껠라스 모싸스 깨 에스따웅 꽁 보쎄 나깰리 꽈드루?

Ji-yeon Aquelas são minhas irmãs.
아껠라스 싸웅 밍야스 이르망스.

호제리오	이 사진 속에 계신 여자분은 누구셔?
지연	그분은 우리 엄마야.
호제리오	너의 어머니 옆에 앉아 계신 이 남자분은 너의 아빠이시니?
지연	어, 우리 아빠야.
호제리오	저 액자에 너와 함께 있는 저 아가씨들은 누구야?
지연	우리 언니들이야.

senhor 아저씨, ~씨   parque 공원
que 그 (앞에서 말한 사람이나 사물 등을 가리킬 때 쓰는
관계대명사)   sim 예, 네, 어, 알았어   moças 아가씨들
naquele 저   quadro 액자

기억하세요!

★ naquele '저'

Naquele는 장소를 나타내는 전치사 em(~에)과 지시형용사 aquele(저)가 결합된 형태입니다.

품사는 형용사로 명사의 앞에 위치하며 수식하는 명사의 성과 수에 일치시킵니다.

Naquela casa moram quatro pessoas. 저 집에는 4명의 사람들이 살고 있다.

(5과 문법편 지시형용사 참조)

01 지시형용사

지시형용사는 관사를 수반하지 않고 일반적으로 명사 앞에 놓이며 항상 수식하는 명사의 성과 수에 일치하여 변합니다.

este, esta, estes, estas '이, 이것, 이분'은 화자에게 가까운 것을 가리킬 때, esse, essa, esses, essas '그, 그것, 그분'은 대화 상대에게 가까운 것을 가리킬 때 사용되며, aquele, aquela, aqueles, aquelas '저, 저것, 저분'은 제3자에게 가깝거나 화자와 대화 상대에게 멀리 있는 것을 가리킬 때 사용됩니다.

의미	남성		여성		중성 지시 대명사	부사	
	단수	복수	단수	복수			
이, 이것, 이분	este 에스치	estes 에스치스	esta 에스따	estas 에스따스	isto 이스또	aqui 아끼	여기
그, 그것, 그분	esse 에쎄	esses 에쎄스	essa 에싸	essas 에싸스	isso 이쏘	aí 아이	거기
저, 저것, 저분	aquele 아껠리	aqueles 아껠리스	aquela 아껠라	aquelas 아껠라스	aquilo 아낄로	ali 알리	저기

예

aqui (여기)	aí (거기)	ali (저기)
este livro 이 책 에스치 리브루	esse livro 그 책 에쎄 리브루	aquele livro 저 책 아껠레 리브루
esta chave 이 열쇠 에스따 샤비	essa chave 그 열쇠 에싸 샤비	aquela chave 저 열쇠 아껠라 샤베비
estes livros 이 책들 에스치스 리브로스	esses livros 그 책들 에쎄스 리브로스	aqueles livros 저 책들 아껠레스 리브로스
estas chaves 이 열쇠들 에스따스 샤베스	essas chaves 그 열쇠들 에싸스 샤베스	aquelas chaves 저 열쇠들 아껠라스 샤베스

위 예문을 살펴보면 지시형용사는 수식하는 각 명사의 성과 수에 따라 형태가 바뀐다는 것을 확인할 수 있습니다.

02 지시대명사

지시형용사 또한 대명사로 사용되며 그것을 대신하는 명사의 성과 수에 따라 변화가 일어납니다. 반면 중성지시대명사는 성과 수에 변화가 일어나지 않습니다.

> 예 **Esta casa é grande mas aquela é pequena.** 이 집은 크지만 저 집은 작다.
> 에스따 까자 에 그란지 마스 아껠라 에 뻬깨나.

위 예문에서는 같은 명사의 반복 사용을 피하기 위해 casa 대신 aquela라는 지시대명사를 사용했습니다.

> 예 **Que é isso?** 그것은 무엇입니까?
> 깨 에 이쑤?

다음 대화를 듣고 따라하세요.

01　**M**　Quem é esta na foto?

　　　F　Essa é minha mãe.

　　　M　E quem é este ao lado dela?

　　　F　Esse é meu pai.

02　**M**　Cecília, quem é esta senhora?

　　　F　Essa é minha tia Francisca.

　　　M　E este senhor que está no parque?

　　　F　Esse é meu pai.

　　　M　E quem são aquelas moças que estão naquele quadro?

　　　F　Aquelas são minhas irmãs.

parque 공원　naquele 저　quadro 액자

01   다음 빈칸을 알맞게 채워 대화를 완성해 보세요.

M   Cecília, quem é __________ ___________ ?

쎄씰리아, 이 아가씨는 누구야?

F   _______ é minha ____________ ___________ __________ .

그 사람은 우리 언니야.

M   Então, _____________ _______ _______ ___________ __________
_________ ?

그럼 이분은 너의 오빠야?

F   ________ , é o _____________ da minha __________ .

아니, 우리 언니 남편이야.

02   다음 문장을 읽고 빈칸을 알맞은 형태의 지시형용사로 채운 후 번역해 보세요.

1. __________ óculos são de Laura. (여기)

2. __________ casa na esquina é muito bonita. (저기)

3. __________ chaves são de Laura? (거기)

4. __________ livros são novos. (여기)

5. __________ salas têm muitas mesas. (거기)

6. __________ ponto de ônibus na esquina é novo. (저기)

03   듣기편의 2번 대화를 듣고 다음 질문에 답하세요.

1. Quem é a senhora que está na foto?

____ .

2. Quem é o senhor que está no parque?

____ .

3. Quem são as moças que estão no quadro?

____ .

óculos 안경   esquina (건물) 모퉁이   chave 열쇠
novo 새, 새로운   sala 교실   mesa 책상, 식탁
ponto de ônibus 버스 정류장

06

Contatos

연락처

zero	0
um, uma	1
dois, duas	2
três	3
quatro	4
cinco	5
seis/meia	6
sete	7
oito	8
nove	9
dez	10

1

M Qual é o número do seu telefone?

F O meu número é 010-2147-7358.

M Como? Você pode repetir?

F 010-2147-7358. E o seu?

M Meu número é 010-3374-5190.

M 너의 전화번호는 어떻게 되니?
F 내 전화번호는 010-2147-7358이야.
M 뭐라고? 다시 불러 줄래?
F 010-2147-7358이야. 네 전화번호는?
M 내 번호는 010-3374-5190이야.

qual 무엇, 어떤 것
número 번호
seu 너의
telefone 전화
como? 뭐라고?
pode ~할 수 있다
  (poder 동사의 직설법
  현재의 3인칭 단수)
repetir 반복하다

기억하세요!

★ números cardinais 기수
11 onze
12 doze
13 treze
14 catorze ou quatorze
15 quinze
16 dezesseis
17 dezessete
18 dezoito
19 dezenove
20 vinte

2

F Qual é o número do telefone da sua casa?

M O número da minha casa é 02-1198-6414.

F E você pode me passar o número do seu celular?

M Claro. O número do meu celular é 014-578-6510.

F Obrigada.

M De nada.

F 당신의 집 전화번호는 몇 번입니까?
M 저희 집 전화번호는 02-1198-6414입니다.
F 당신의 휴대폰 번호 좀 알려 주실 수 있나요?
M 당연하죠. 제 휴대폰 번호는 014-578-6510입니다.
F 감사합니다.
M 천만에요.

casa 집
passar 전달하다, 건네다,
  통과하다
obrigado 고마워
de nada 천만에

★ **números cardinais** 기수

20	vinte	100	cem
21	vinte e um(uma)	101	cento e um(uma)
22	vinte e dois(duas)	200	duzentos(as)
23	vinte e três	300	trezentos(as)
24	vinte e quatro	400	quatrocentos(as)
30	trinta	500	quinhentos(as)
31	trinta e um(uma)	600	seiscentos(as)
40	quarenta	700	setecentos(as)
50	cinquenta	800	oitocentos(as)
60	sessenta	900	novecentos(as)
70	setenta	1000	mil
80	oitenta	1001	mil e um(uma)
90	noventa	2000	dois mil(duas mil)

3

M Qual é o número do telefone da sua casa?

F O número do telefone da minha casa é 02-2121-4763.

M E qual é o número do seu celular?

F O número do meu celular é 010-5462-7975.

M Você pode repetir?

F 010-5462-7975.

M Obrigado.

F De nada.

M Eu te ligo.

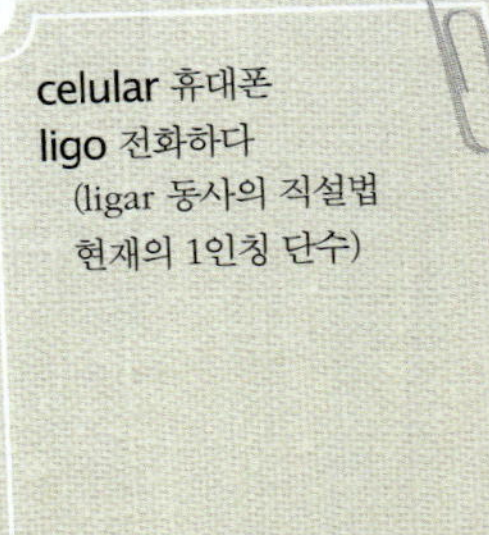

celular 휴대폰
ligo 전화하다
  (ligar 동사의 직설법
  현재의 1인칭 단수)

M 당신의 집 전화번호는 어떻게 되죠?
F 저희 집 전화번호는 02-2121-4763입니다.
M 그럼 당신의 휴대전화 번호는 어떻게 되나요?
F 제 휴대폰 번호는 010-5462-7975입니다.
M 다시 한 번 말해 줄래요?
F 010-5462-7975입니다.
M 고마워요.
F 천만에요.
M 연락 드리겠습니다.

기억하세요!

★ 가감승제

= igual a '~와 같다'
+ mais '더하다'
− menos '덜하다, 빼다'
× vezes '곱하기'
÷ dividir '나누기'

7 + 10 = 17 (sete mais dez é igual a dezessete)
8 − 5 = 3 (oito menos cinco é igual a três)
5 × 4 = 20 (cinco vezes quatro é igual a vinte)
16 ÷ 4 = 4 (dezesseis dividido por quatro é igual a quatro)

4

M Cecília, você sabe o número do celular do Estevam?

F Sim, eu sei.

M Você poderia me passar o número dele?

F Claro. Um momento. É 012-8962-2377.

M Obrigado.

F De nada.

M 쎄씰리아, 너 에스떼반의 휴대폰 번호 알아?
F 응, 알아.
M 그의 전화번호 좀 알려 줄 수 있어?
F 당연하지, 잠깐만. 012-8962-2377이야.
M 고마워.
F 천만에.

sabe 알다
  (saber 동사의 직설법
  현재의 3인칭 단수)
sei 알다
  (saber 동사의 직설법
  현재의 1인칭 단수)
passar 전달하다, 통과하다
dele 그의
um momento 잠시만
  기다 려 주세요

★ 1~10, 10~100 사이에는 접속사 e가 사용되며 100~1,000 사이에는 사용되지 않습니다.

27 vinte e sete

345 trezentos e quarenta e cinco

2576 dois mil quinhentos e setenta e seis

실전회화

Ji-yeon	Bom dia, Rogério.
Rogério	Bom dia, Ji-yeon.
Ji-yeon	Por acaso você sabe o número da embaixada coreana?
Rogério	Eu não sei. Por que você não procura na internet?
Ji-yeon	Eu já procurei. Mas só tem o endereço.
Rogério	Então acho bom a gente perguntar na telefônica.
Ji-yeon	Na telefônica?
Rogério	Sim. É um lugar onde as pessoas perguntam o número de telefone.
Ji-yeon	Gostei da idéia. Obrigada.
Rogério	De nada.

지연	안녕, 호제리오.
호제리오	안녕, 지연.
지연	혹시 한국대사관 전화번호 아니?
호제리오	모르겠는데. 인터넷에서 찾아보는 건 어때?
지연	찾아봤는데 주소만 나와.
호제리오	그러면 콜센터에 전화해 보는 게 좋을 것 같아.
지연	콜센터에?
호제리오	응. 사람들이 전화해서 전화번호를 물어보는 곳이야.
지연	좋은 생각이다. 고마워.
호제리오	천만에.

por acaso 혹시   embaixada 대사관
coreana 한국의, 한국인(여자)
que tal + 동사원형 '~ 하는 것이 어때'   aqui 여기
por que 왜   internet 인터넷   endereço 주소
telefônica 콜센터   idéia 생각

★ Por que você não~ '왜 ~하지 않니?'

Por que você não faz assim? 왜 이렇게 하지 않니?

Por que você não bebe cerveja? 왜 너는 맥주를 마시지 않니?

01 소유형용사, 소유대명사

인칭		의미	남성		여성	
			단수	복수	단수	복수
단수	1인칭	나의	meu	meus	minha	minhas
	2인칭	너의	teu	teus	tua	tuas
	3인칭	그의, 그녀의, 당신의	seu	seus	sua	suas
복수	1인칭	우리들의	nosso	nossos	nossa	nossas
	2인칭	너희들의	vosso	vossos	vossa	vossas
	3인칭	그들의, 그녀들의, 당신들의	seu	seus	sua	suas

소유형용사는 '~의'로 해석되며 소유자의 성 또는 수와는 전혀 관계가 없으며 소유대명사로도 사용됩니다. 소유형용사는 자신이 수식하는 명사의 성과 수에 일치해야 하며 일반적으로 명사 앞에 놓입니다.

1. 소유형용사의 용법

(1) 대다수의 명사들은 앞에 관사 또는 한정사 (지시사, 수사, 부정형용사 등)를 수반하게 되어 있지만, 소유형용사가 명사를 수식할 경우 정관사는 붙이거나 붙이지 않아도 무관합니다.

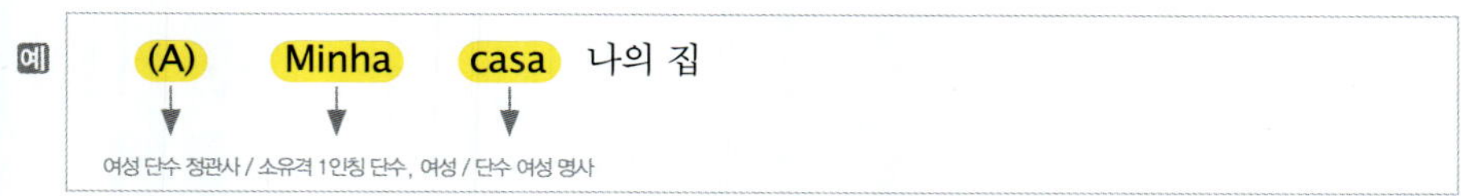

위 예문에서는 소유형용사가 수식한 명사가 여성 단수명사이기 때문에 소유격 또한 여성 단수형태로 사용되었습니다.

일반적으로 명사는 앞에서 관사를 수반하게 되어 있는데, 위 문장에서는 casa 앞에 소유형용사 minha가 이미 명사를 앞에서 수식하고 있기 때문에 관사는 생략할 수 있습니다.

(2) 부정관사, 수사, 지시사, 부정형용사 등이 명사를 수반할 때에는 소유형용사는 명사 앞이 아닌 뒤에 위치합니다.

이 문장에서는 지시형용사 esta(이)가 'casa(집)'이라는 여성 단수 명사를 앞에서 수식하고 있기 때문에 소유형용사 sua(당신의)는 명사 뒤에 와야 합니다.

(3) 소유형용사 3인칭 단수/복수 seu(s)/sua(s)(그(들)의, 그녀(들)의, 당신(들)의)는 소유자의 성을 알 수 없으므로 소유를 나타내는 전치사 'de + 주격 인칭대명사'를 사용하여 소유자의 성을 구분하며 다른 소유형용사처럼 명사 앞에 위치하지 않고 뒤에서 명사를 수식합니다.

＊ 전치사 de와 주격 인칭대명사의 결합
　 de + ela = dela (그녀의)
　 de + ele = dele (그의)
　 de + elas = delas (그녀들의)
　 de + eles = deles (그들의)

Esta é sua caneta. 이것은 그의/그녀의/당신의 볼펜입니다.

위 문장에서는 소유격 seu만으로 볼펜이 그(들)의 것인지 혹은 그녀(들)의 것인지 전혀 파악할 수 없습니다.
따라서 위와 같이 '전치사 de + 주격 인칭대명사 3인칭 단수/복수'의 형태를 사용하여 소유자의 성과 수를 나타냅니다

Esta é a caneta dela (de+ela). 이것은 그녀의 볼펜입니다.

이와 같이 볼펜의 소유자가 여성(그녀)임을 나타내기 위해 소유형용사 sua 대신 'de + ela'가 사용되었습니다.

2. 소유대명사의 용법

소유대명사는 반드시 정관사를 수반하고, 앞에 언급된 명사를 나타내므로 그 명사의 성과 수에 일치시켜야 합니다.

Aqui está minha caneta e a sua está lá.
나의 볼펜은 여기에 있고 당신의 것은 저기에 있어요.

위 예문에서는 소유대명사로 쓰인 sua(당신의 것)는 앞에 언급된 명사 caneta(볼펜)을 반복하지 않기 위해 쓰였습니다.
명사 caneta는 여성 단수 명사이기 때문에 소유대명사도 여성 단수로 쓰였습니다.

듣기

다음 대화를 듣고 따라하세요.

01

M   Qual é o número do seu telefone?

F   O meu número é 010-2147-7358.

M   Como? Você pode repetir?

F   010-2147-7358. E o seu?

M   Meu número é 010-3374-5190.

02

M   Cecília, qual é o número do telefone da sua casa?

F   O número da minha casa é 031-7895-1257.

M   E qual é o número do seu celular?

F   O meu número é 019-5458-9634. Denis, e o seu?

M   O meu número é 010-9647-5130.

F   Como?

M   010-9647-5130.

F   Esse número é do seu celular?

M   Não, é da minha casa.

F   Então qual é o número do seu celular?

M   É 017-6896-3471.

01 다음 빈칸을 알맞게 채워 대화를 자연스럽게 만들어 보세요.

1. Qual é o número do seu celular?

   ____.

2. Qual é o número do telefone da sua casa?

   ____.

3. Qual é o número do telefone do seu melhor amigo?

   ____.

02 다음 빈 칸을 알맞은 소유형용사로 채우세요.

1. (Eu) _______________professor.

2. (Nós) _______________ filha.

3. (Eu) ____________ mulher.

4. (Eu) _____________documentos.

5. (Você) _______________ irmã.

6. (Você) ____________ casa.

7. (Você) _______________ marido.

8. (Você) __________ livro.

9. (Ela) óculos _____________.

10. (Eles) pai _________________.

03 듣기편의 2번 대화를 듣고 다음 질문에 답해 보세요.

1. Qual é o número do telefone da casa de Cecília?

    ____.

2. Qual é o número do celular de Cecília?

    ____.

3. Qual é o número do celular de Denis?

    ____.

04 다음 숫자들을 포르투갈어로 표현해 보세요.

1. 23 ____.

2. 379 ____.

3. 561 ____.

4. 1782 ____.

5. 7543 ____.

mulher 여자, 아내, 부인
documentos 서류, 문서   óculos 안경

07

Quantos anos você tem?

몇 살이에요?

primeiro	제 1의
segundo	제 2의
terceiro	제 3의
quarto	제 4의
quinto	제 5의
sexto	제 6의
sétimo	제 7의
oitavo	제 8의
nono	제 9의
décimo	제 10의
décimo primeiro	제 11의
décimo segundo	제 12의

1

M Quantos anos você tem?

F Tenho 23 anos. E você?

M Tenho 26 anos.

F É sério? Me parece que você tem apenas 22 anos.

M Obrigado.

F E você tem namorada?

M Sim. Ela tem 25 anos.

M 몇 살이에요?
F 23살이에요. 당신은 몇 살이에요?
M 26살이에요.
F 정말이에요? 22살 정도로 보여요.
M 고맙습니다.
F 여자친구 있어요?
M 네, 있어요. 그녀는 25살이에요.

tenho 가지다, 있다, 소유하다 (ter 동사의 직설법 현재의 1인칭 단수)
É sério? 진짜?
anos 나이, 연령
tem 가지다, 있다, 소유하다 (ter 동사의 직설법 현재의 3인칭 단수)
namorada 여자친구

기억하세요!

★ **números ordinais 서수**

제 1의 primeiro	제 13의 décimo terceiro
제 2의 segundo	제 20의 vigésimo
제 3의 terceiro	제 30의 trigésimo
제 4의 quarto	제 40의 quadragésimo
제 5의 quinto	제 50의 quinquagésimo
제 6의 sexto	제 60의 sexagésimo
제 7의 sétimo	제 70의 setuagésimo
제 8의 oitavo	제 80의 octagésimo
제 9의 nono	제 90의 nonagésimo
제 10의 décimo	제 100의 centésimo
제 11의 décimo primeiro	제 1,000의 milésimo
제 12의 décimo segundo	제 1,000,000의 milionésimo

2

M Quantos anos seus pais têm?

F A minha mãe tem 54 anos e meu pai tem 56. E seus pais?

M Os meus pais têm 53 anos. Eles são da mesma idade.

F E você tem irmãos?

M Sim, tenho uma irmã mais velha e um irmão mais novo.

F O que o seu irmão faz?

M Ele é estudante.

F Em qual série está o seu irmão?

M Ele está na terceira série do ensino médio.

têm 가지다, 있다,
  소유하다 (ter 동사의
  직설법 현재의 3인칭 복수)
mesma 같은, 동일한
idade 나이
irmãos 형제들
novo 새로운, 새, 나이가 어린
série 학년
ensino médio 고등학교

M 너의 부모님은 연세가 어떻게 되셔?
F 우리 어머니께서는 54세이시고 아버지께서는 56세이셔. 너의 부모님은?
M 우리 부모님께서는 53세이셔. 동갑이시거든.
F 너는 형제 있어?
M 응, 누나 한 명이랑 남동생 한 명 있어.
F 남동생은 뭐해?
M 학생이야.
F 남동생은 몇 학년이야?
M 고등학교 3학년이야.

기억하세요!

★ **tem과 têm**

둘 다 '있다, 소유하다'의 뜻으로 쓰이지만 주어가 단수일 경우에는 Tem을, 복수일 경우에는 Têm을 씁니다.

예 **Ela tem 20 anos.** 그녀는 20살이다.
  Eles têm 20 anos. 그들은 20살이다.

3

F Quantos anos você tem?

M Tenho 20 anos. E você?

F Também tenho 20 anos.

M Você é estudante?

F Sim, estou no segundo ano na universidade. Eu estudo línguas. E você?

M Eu ainda estou no primeiro ano na universidade.

F O que você estuda?

M Eu estudo filosofia.

universidade 대학교
línguas 어학
filosofia 철학

F 몇 살이에요?
M 20살이에요. 당신은요?
F 저도 20살이에요.
M 학생이에요?
F 네, 대학교 2학년이에요. 어문학을 공부해요. 당신은요?
M 저는 아직 대학교 1학년이에요.
F 전공이 무엇인가요?
M 저는 철학을 공부해요.

기억하세요!

★ 서수는 일반적으로 명사의 앞에 쓰이며 정관사를 수반하고 수식하는 명사의 성과 수에 따라 변화합니다.

O primeiro aniversário 첫 번째 생일
A primeira namorada 첫 여자친구
O terceiro ano de casamento 결혼 3년째

4

F Estevam, quantos anos a sua irmã Cecília tem?

M Ela tem 36 anos.

F Ela é casada?

M Claro! Ela já está no décimo ano de casamento.

F Ela tem filhos?

M Sim, ela tem 2 filhos.

F Quantos anos eles têm?

M O primeiro tem 7 anos e o segundo tem 3 anos.

casada 결혼한, 유부녀
claro! 당연하지!
décimo 제 10의, 10번째
casamento 결혼식

F 에스떼반, 너의 누나 쎄씰리아는 몇 살이서?
M 우리 누나는 36살이야.
F 결혼하셨어?
M 당연하지! 벌써 결혼 10년째야.
F 자녀도 있으셔?
M 응, 아들 둘.
F 아이들은 몇 살이야?
M 첫째는 7살이고 둘째는 3살이야.

기억하세요!

★ **família** 가족

pai + mãe → pais	아빠 + 엄마 → 부모님
marido + esposa → cônjuges	남편 + 부인 → 부부
irmão + irmã → irmãos	형제 + 자매 → 남매, 형제
filho + filha → filhos	아들 + 딸 → 자녀

Rogério	Ji-yeon, quantos anos você tem?
Ji-yeon	Tenho 27 anos. E você?
Rogério	Também tenho 27.
Ji-yeon	Você tem irmã ou irmão?
Rogério	Tenho uma irmã mais velha.
Ji-yeon	Quantos anos ela tem?
Rogério	Ela tem 32 anos.
Ji-yeon	E ela é casada?
Rogério	Sim, ela já está no quarto ano de casamento. E tem uma filha de 2 anos.

호제리오   지연, 너는 몇 살이야?
지연   나는 27살이야. 너는?
호제리오   나도 27살이야.
지연   너는 형제가 어떻게 되니?
호제리오   누나 한 명 있어.
지연   누나는 몇 살이셔?
호제리오   누나는 32살이야.
지연   결혼하셨어?
호제리오   응, 벌써 결혼 4년째야. 2살짜리 딸도 하나 있어.

irmã 누나, 여동생, 자매 irmão 형, 남동생, 형제
velha 나이 든, 늙은, 오래된 mais 더, 많이
filha 딸

★ ter 동사의 인칭별 변화

Eu tenho	Tu tens
Ele/Ela tem	Nós temos
Vós tendes	Eles/Elas têm

Eu tenho duas irmãs. 나는 두 명의 자매가 있다.
Eles têm uma casa muito grande. 그들은 매우 큰 한 채의 집을 가지고 있다.

01 Ter과 Haver 동사의 직설법 현재

Ter 동사의 직설법 현재

Ter (~가지다, 소유하다) 동사는 영어의 have의 뜻과 유사합니다.

1. Ter 동사의 직설법 현재

Eu tenho 나는 가지고 있다.

Tu tens 너는 가지고 있다.

Ele/ ela/ você tem 그/그녀/당신은 가지고 있다.

Nós temos 우리는 가지고 있다.

Vós tendes 너희들은 가지고 있다.

Eles/ elas/ vocês têm 그들/그녀들/당신들은 가지고 있다.

1인칭 단수와 1인칭 복수는 동사만으로도 주어를 구분할 수 있기 때문에 일반적으로 주어는 생략됩니다.

Tenho um livro. 나는 한 권의 책을 가지고 있다.

Temos uma casa na praia. 우리는 해변가에 집 한 채가 있다.

Eles têm muitos amigos. 그들은 많은 친구들이 있다.

Você tem uma caneta? 너 볼펜 있니?

Ela tem um problema sério. 그녀는 심각한 문제가 있다.

Ele tem sorte. 그는 복이 있다.

Elas não têm dinheiro. 그녀들은 돈이 없다.

Você tem a chave do carro? 너 자동차 키 가지고 있니?

2. Ter 동사의 기타 용법

〈의무〉

[Ter que (de) + 동사원형] '~을 해야만 한다.'

Ele tem que trabalhar. 그는 일을 해야만 한다.

Tenho que estudar. 나는 공부를 해야만 한다.

Você tem que comer tudo. 너는 다 먹어야 한다.

Ela tem que voltar para casa. 그녀는 집으로 돌아가야만 한다.

위 예문들을 살펴보면 'ter que + 동사원형'은 주어의 의무를 나타내며 영어의 have to와 같은 역할을 합니다.

02 Haver 동사의 직설법 현재

Haver 동사는 영어의 have 동사와 비슷한 의미를 가지고 있지만, 주로 3인칭 단수 형태의 há 만 사용됩니다.

> Eu hei
> Tu hás
> Ele/ ela/ você há
> Nós havemos
> Vós haveis
> Eles/ elas/ vocês hão

1. Haver 동사의 용법

(1) Ter 동사와 같이 '~있다'라고 표현하기 위해 사용됩니다.

Há pessoas que não comem carne bovina.
소고기를 먹지 않는 사람들이 있다.

Há problemas que não posso resolver sozinha.
내가 혼자 해결하지 못하는 문제들이 있다.

문법

(2) 과거의 어느 시점에서 일어난 일이 현재까지 영향을 미치고 있음을 나타내기 위해 사용
됩니다.

➜ **Há** uma semana que estou doente. 나는 일주일째 앓고 있다.

➜ **Há** duas semanas que a Cecília chegou em Portugal.
쎄씰리아는 포르투갈에 온 지 2주가 되었다. (2주 전에 와서 현재까지 포르투갈에 있
다.)

(3) 과거 시점부터 지금까지 계속되고 있는 일을 나타냅니다.

➜ **Há** um ano que ela estuda coreano.
그녀는 한국어를 1년째 배우고 있다.

➜ **Há** quatro meses que estou recebendo aulas de piano.
나는 4개월째 피아노 교습을 받고 있다.

(4) 과거에 있었던 일을 나타냅니다.

➜ **Há** três meses atrás nós estivemos no Rio.
3개월 전에 우리는 리오에 있었다.

다음 대화를 듣고 따라하세요.

01

F Quantos anos você tem?

M Tenho17 anos.

F Você é estudante?

M Sim, sou.

F Em qual série você está?

M Estou na primeira série do ensino médio.

02

M Cecília, quantos anos o seu irmão tem?

F Ele tem 21 anos. Ele é estudante. E o que a sua irmã faz?

M Ela é universitária.

F Em qual série ela está?

M Ela está no segundo ano na universidade de São Paulo. E seu irmão?

F Ele ainda está no primeiro ano. E estuda na Unicamp.

---

faz 하다 (fazer 동사의 직설법 현재의 3인칭 단수)
qual 무엇, 어느 것 universidade 대학교 série 학년
estuda 공부하다 (estudar 동사의 직설법 현재의 3인칭 단수)

연습문제

01   다음 질문들에 답하세요.

1.   Quantos anos você tem?

 ____ .

2.   Quantos anos seus pais têm?

 ____ .

3.   Quantos irmãos ou irmãs você tem?

 ____ .

02   다음 빈칸에 인칭에 알맞게 ter 동사로 채운 뒤 번역해 보세요.

1.   Tereza ______________ 3 filhos.

 ____ .

2.   Você ____________ tempo?

 ____ .

3.   Esta cidade ______________ muitos prédios modernos.

 ____ .

4.   Nós ____________ muitos amigos na Coreia.

 ____ .

5.   Você ______________ dinheiro?

 ____ .

6.   Ele ____________ uma casa.

 ____ .

7.   Eu ____________ muito dinheiro.

 ____ .

03 다음 보기와 같이 문제를 풀어 보세요.

〈보기〉
-Você tem dinheiro? -Não, não tenho dinheiro. Tenho cartão de crédito.
-너 현금 있어? -아니, 현금 없어. 신용카드는 있어.

1. Ele tem uma casa? (apartamento)

   ____.

2. Eles têm sorte? (azar)

   ____.

3. Nós temos dinheiro em casa? (banco)

   ____.

4. Você tem irmão? (irmã)

   ____.

prédio 건물   moderno 현대의
apartamento 아파트   sorte 행운, 좋은 운
azar 불운   banco 은행

08

Rotina

일상

uma hora	1시
duas horas	2시
três horas	3시
quatro horas	4시
cinco horas	5시
seis horas	6시
sete horas	7시
oito horas	8시
nove horas	9시
dez horas	10시
onze horas	11시
manhã	아침
meia-noite	자정
meio-dia	정오
noite	저녁
tarde	오후

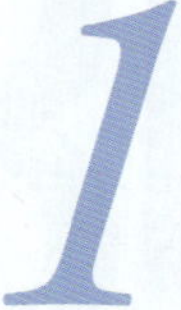

1

M Cecília, a que horas você se levanta?

F Me levanto às 7 da manhã.

M A que horas você sai de casa?

F Saio de casa às 8 horas da manhã.

M A que horas você termina o trabalho?

F Termino às 6:00 em ponto.

M 쎄씰리아, 너는 몇 시에 일어나니?
F 아침 7시에 일어나.
M 몇 시에 집에서 나가니?
F 집에서 아침 8시에 나가.
M 몇 시에 일을 마치니?
F 6시 정각에 마쳐.

hora 시간
às ~에 (시간을 나타내는 전치사)
se 스스로 3인칭 (재귀대명사)
levanta 일으키다 (levantar 동사의 직설법 현재의 3인칭 단수)
sai 나가다
de ~에서
saio 나가다 (sair 동사의 직설법 현재의 1인칭 단수)
manhã 아침
trabalho 근무, 일
termino 마치다, 끝내다 (terminar 동사의 직설법 현재의 1인칭 단수)
ponto 정각

기억하세요!

★ 시간 묻기

Que horas são? 몇 시입니까?

8:00 São oito horas. 8시입니다.
8:05 São oito e cinco. 8시 5분입니다.
8:30 São oito e trinta. 8시 30분입니다.
01:10 É uma e dez. 1시 10분입니다.
12:00 É meio dia. 정오입니다.
24:00 É meia noite. 자정입니다.

2

F A que horas você janta?

M Janto às 7:45.

F A que horas você assiste à televisão?

M Assisto depois do jantar, às 9 horas.

F Então, a que horas você toma banho?

M Tomo banho às 11 horas.

F E a que horas você vai para a cama?

M Vou para a cama à meia-noite.

janta 저녁 식사하다
 (jantar 동사의 직설법
 현재의 3인칭 단수)
depois ~이후에
assiste 시청하다, 보다,
 참석하다(assistir 동사의
 직설법 현재의 3인칭 단수)
televisão 텔레비전
então 그러면
toma banho 샤워하다,
 목욕하다
vai ~가다
para ~으로
cama 침대
meia-noite 자정

F 너는 몇 시에 저녁을 먹니?
M 나는 저녁 7시 45분에 먹어.
F 텔레비전은 몇 시에 봐?
M 저녁 식사 마치고 9시부터 봐.
F 그러면, 목욕은 몇 시에 하니?
M 목욕은 11시에 해.
F 잠은 몇 시에 자는데?
M 자정에 자.

기억하세요!

★ **assistir a** ~시청하다, ~관람하다, 돕다, 보필하다

Assistir 동사가 '시청하다, 관람하다'의 뜻으로 쓰일 때에는 반드시 전치사 'a'를 수반합니다. 앞에서 명사를 수식하는 정관사 [a/o]와 **assistir** 동사 뒤에 오는 전치사 'a'가 만나면 다음 과 같은 결합이 이뤄집니다.

Eu assisto à televisão. 나는 텔레비전을 본다. (assistir a + a televisão)
Eu assisto ao filme. 나는 영화를 본다. (assistir a + o filme)

(16과 문법편 전치사를 참조하세요.)

3

M A que horas seu irmão vai à escola?

F Ele vai à escola às 7:00 em ponto.

M E a que horas ele termina o estudo?

F Ele termina às 5 horas da tarde.

M A que horas ele chega em casa?

F Ele chega em casa às 6:15 da noite.

M 네 동생은 학교에 몇 시에 가니?
F 내 동생은 학교에 7시 정각에 가.
M 그럼 공부는 몇 시에 끝나?
F 오후 5시 되면 끝나.
M 집에는 몇 시에 와?
F 저녁 6시 15분에 도착해.

a que horas 몇 시에
irmão 형제, 형, 남동생
escola 학교
vai ~가다(ir 동사의 직설법
　현재의 3인칭 단수)
estudo (공부, 공부하다
　estudar 동사의 직설법
　현재의 3인칭 단수)
termina (마치다, 끝내다
　terminar 동사의 직설법
　현재의 3인칭 단수)
chega 도착하다, 오다
　(chegar 동사의 직설법
　현재의 3인칭 단수)

기억하세요!

★ A que horas~? '몇 시에~?'

À 1 hora 1시에
Às duas horas 2시에
Ao meio dia 정오에
À meia noite 자정에

★ 상대방에게 '몇 시에 ~하니?'라고 물어볼 때에는 'A que horas + 주어 + 동사 ~?'의 형태를 사용하여 문장을 만듭니다. 이에 대한 대답을 하기 위해서는 시간을 나타내는 전치사 'a + 시간'을 사용하는데, 이때 시간 앞에 오는 관사와 전치사가 만나게 되면 아래 예문과 같은 결합이 이뤄집니다.

A + a uma hora = à 1 hora 1시에
A + o meio dia = ao meio dia 정오에

4

F Oi, Denis. Como vai?

M Tudo bem. E você?

F Também tudo ótimo, obrigada.

M Cecília, você sabe a que horas abre o shopping center?

F Acho que abre às 10 horas da manhã.

M Então a que horas abre o banco?

F O banco abre às 9 em ponto.

M E a que horas fecha?

F Deve fechar às 5 da tarde.

M Tá bom. Obrigado.

F De nada.

ótimo 아주 좋은, 완벽한
shopping center 백화점
acho 아마도, 찾다, 생각하다,
 가정하다 (achar 동사의
 직설법 현재의 1인칭 단수)
que 그것 (관계대명사)
 영어의 that과 같은 용법
abre 열다 (abrir 동사의
 직설법 현재의 3인칭 단수)
banco 은행
fechar 닫다
dever + 동사원형 '~ 인 것
 같다, ~할 것 같다'
tá bom 알았어, 좋아

F 안녕, 데니스. 잘 지내?
M 잘 지내. 너는?
F 나도 아주 잘 지내. 고마워.
M 쎄씰리아, 백화점이 몇 시에 여는지 알고 있니?
F 아마도, 오전 10시에 열 거야.
M 그러면, 은행은 몇 시에 열어?
F 은행은 9시 정각에 열려.
M 그리고 몇 시에 닫는데?
F 오후 5시에 닫을 거야.
M 알았어. 고마워.
F 천만에.

★ **dever** 동사는 기본적으로 '의무, 업무'의 뜻을 가지고 있지만 조동사로 사용될 경우에는 '~ 인 것 같다, ~일 것 같다'로 추측의 의미로 사용됩니다.

Ela deve morar na Av. Paulista. 그녀는 아마도 빠울리스따가에 살 거야.

실전회화

Rogério   Ji-yeon, a que horas você se levanta?

Ji-yeon   Me levanto às 8 horas.

Rogério   E a que horas você sai de casa?

Ji-yeon   Saio de casa às 8:45 da manhã.

Rogério   A que horas você chega no trabalho?

Ji-yeon   Chego no trabalho às 10 em ponto.

Rogério   A que horas você almoça?

Ji-yeon   Almoço ao meio-dia em ponto.

Rogério   A que horas você termina o trabalho?

Ji-yeon   Termino às 5 da tarde.

Rogério   A que horas você janta?

Ji-yeon   Janto às 8.

Rogério   E a que horas você dorme?

Ji-yeon   Durmo à meia-noite.

Rogério   Agora, acho que sei um pouco sobre a sua rotina.

호제리오	지연, 너는 몇 시에 일어나니?
지연	나는 8시에 일어나.
호제리오	너는 집에서 몇 시에 나가니?
지연	오전 8시 45분에 나가.
호제리오	회사에는 몇 시에 도착해?
지연	회사에는 10시 정각에 도착해.
호제리오	점심은 몇 시에 먹어?
지연	점심은 정오에 먹어.
호제리오	일은 몇 시에 끝나?
지연	오후 5시에 끝나.
호제리오	저녁은 몇 시에 먹니?
지연	저녁은 8시에 먹어.
호제리오	잠은 몇 시에 자?
지연	자정에 자.
호제리오	이제 너의 일상에 대해서 조금 알 것 같아.

meio-dia 정오
durmo 자다 (dormir 동사의 직설법 현재의 1인칭 단수)
rotina 일상 sei 알다 (saber동사의 1인칭 단수)
sobre ~에 관해서

기억하세요!

★ Levantar(일으키다)동사는 타동사이므로 '자신이 일어난다'의 뜻으로 쓸 경우에는 반드시 재귀대명사를 덧붙여야 합니다.

Ela levanta a cadeira. 그녀는 의자를 들어올린다.
Eu me levanto sempre às 7 horas. 나는 항상 7시에 일어난다.

위 첫 예문에서 a cadeira(의자)는 levantar 동사의 목적어로 사용되었습니다.

두 번째 예문에서는 '나는 스스로 일어난다'라는 뜻이므로 재귀대명사가 쓰였습니다.

(8과 문법편 재귀대명사 참조)

01 목적격 인칭대명사

단수 / 복수	인칭	직접목적격 (~을/를)	간접목적격 (~에게)	전치사의 목적격	
				com + 목적격 ~와	기타전치사 + 목적격
단수	1인칭	me 나를	me 나에게	comigo 나와	전치사 + mim
	2인칭	te 너를	te 너에게	contigo 너와	전치사 + ti
	3인칭	o/a 그/그녀를	lhe 그/그녀/당신에게	전치사 + ele/ela/você	
복수	1인칭	nos 우리들을	nos 우리들에게	conosco 우리들과	전치사 + nós
	2인칭	vos 너희들을	vos 너희들에게	convosco 너희들과	전치사 + vós
	3인칭	os/as 그들/그녀들/당신들을	lhes 그들/그녀들/당신들에게	전치사 + eles/elas/vocês	

1. 목적격 인칭대명사의 용법

대명사는 명사를 반복해서 사용하지 않기 위해 해당 명사 대신 쓰는 말입니다. 인칭대명사는 사람이나 사물을 대신할 때 쓰입니다.

Encontro a Maria todos os dias. 나는 마리아를 매일 만난다.

→ Encontro-a todos os dias.

Ele comprou o carro. 그는 그 자동차를 샀다.

→ Ele o comprou.

O meu desejo é viajar contigo para a Europa.
나의 소원은 당신과 함께 유럽여행을 하는 거예요

Sempre confiei em você. 항상 당신을 믿었어요.

목적어는 동사의 대상이 되는 성분으로, 직접목적어는 '~을, 를', 간접목적어는 '~에게' 그리고 전치사의 목적어는 각 전치사의 의미에 따라서 해석됩니다. 기본적으로 자동사는 간접목적어를 취하고, 타동사는 직접목적어를 취할 수 있습니다.

2. 목적격 인칭대명사의 위치

목적격 인칭대명사는 문맥에 따라 다음과 같은 위치에 놓일 수 있습니다.

(1) 동사 뒤에 하이픈으로 연결

긍정 명령문

동사가 문장 맨 앞에 위치할 때

Chama-me como quiseres. 당신이 (나를) 부르고 싶은 대로 부르세요.

Conte-me tudo. 나에게 모든 것을 말해 줘.

(2) 동사 사이(현대어에서는 많이 사용되지 않는 형식입니다)

동사의 시제가 미래형일 때

문장 앞 부분에 위치할 때

Dir-lhe-ei tudo o que penso.
내가 생각하고 있는 모든 것들을 그에게 말할 거예요.

(3) 다음과 같은 경우에서는 반드시 동사 앞에 옵니다.

① 부정어: ninguém, não, nunca, jamais, nada 등이 있는 문장에서는 동사 앞에 위
치합니다.

Ele nunca nos viu aqui. 그는 우리를 여기서 단 한 번도 보지 못했다.

Não te disse isso. 너에게 그것을 말하지 않았다.

Nada me fará mudar de idéia.
어떠한 것도 나의 생각을 변화시킬 수 없을 것이다.

② 부사: já, logo, sempre, agora, assim, ainda, também, mal, bem, pouco 등과 같
은 부사가 있는 문장에서도 동사 앞에 옵니다. 단 콤마가 있을 경우 동사 뒤에 위치
합니다.

Já lhe expliquei tudo. 나는 그에게 이미 모든 것을 설명했다.

Hoje lhe contaram vários segredos.
오늘 그들은 그에게 여러 가지의 비밀을 털어놓았다.

Realmente, expliquei-lhe tudo.
실제로, 나는 그에게 모든 것을 다 설명했어.

③ 부정대명사: tudo, vários, pouco, muito, alguém 등과 같은 부정대명사가 문장에 나와도 목적격인칭대명사는 동사 앞에 옵니다.

Alguém me disse que você estava aqui.
네가 여기 있다고 어떤 사람이 말했어.

④ 관계대명사: que, quem, onde, o qual 등이 있는 관계절에서도 동사 앞에 나옵니다.

Ele disse que me daria. 그는 나에게 줄 것이라고 말했다.
Eu disse que o vimos ontem. 나는 우리가 그를 어제 봤다고 말했다.

⑤ 의문대명사나 의문부사로 시작되는 문장에서도 동사 앞에 나옵니다.

Por que vocês não nos avisaram? 왜 우리에게 알리지 않았어?
Quem te disse? 누가 너에게 말했니?

⑥ 감탄문 혹은 소망, 희망 등을 표현할 때에도 동사 앞에 나옵니다.

Que Deus te acompanhe! 신의 가호가 있기를!

⑦ 지시형용사나 대명사로 시작되는 문장에서도 동사 앞에 나옵니다.

Ele recebeu a carta antes do jantar. 그녀는 편지를 저녁 식사 전에 받았다.
→**Ele a recebeu antes do jantar.** 그녀는 그것을 저녁 식사 전에 받았다.

(3) 동사의 어미가 −r, −s, −z로 끝날 때에는 직접목적격 o, os, a, as는 다음과 같이 각기 −lo, los, la, las가 되어 동사의 어미가 탈락합니다.

Quero encontrar + o →Quero encontrá-lo. 나는 그를 만나길 원한다.
Amamos + a muito. →Amamo-la muito. 우리는 그녀를 무척 사랑한다.
Fiz + os retornar. →Fi-los retornar. 그들을 돌아오게 만들었다.

02 재귀대명사

	인칭	
단수	1인칭	me 나 자신 스스로
	2인칭	te 너 자신 스스로
	3인칭	se 그/그녀/당신 자신 스스로
복수	1인칭	nos 우리들 자신 스스로
	2인칭	vos 너희들 자신 스스로
	3인칭	se 그들/그녀들/당신들 자신 스스로

1. 재귀대명사의 용법

(1) 재귀적 용법

재귀대명사는 동사 또는 전치사의 목적어가 주어와 동일할 때 사용됩니다. 즉 주어의 행위가 다시 주어에게 돌아올 때 쓰입니다.

예 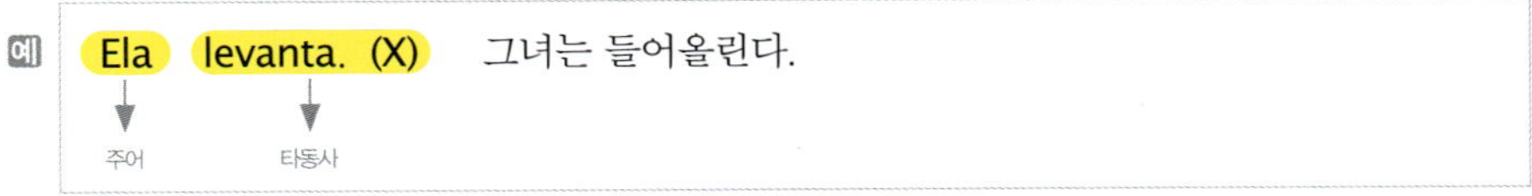

위 예문에서 '일으키다, 들어올리다'라는 의미를 가진 levantar 동사는 타동사이기 때문에 반드시 목적어를 수반해야 완전한 문장이 됩니다. 본 예문에서는 주어인 '그녀'가 무엇을 '들어올린다'라는 동사의 대상인 목적어가 나오지 않았기 때문에 불완전한 문장이 됩니다.

예 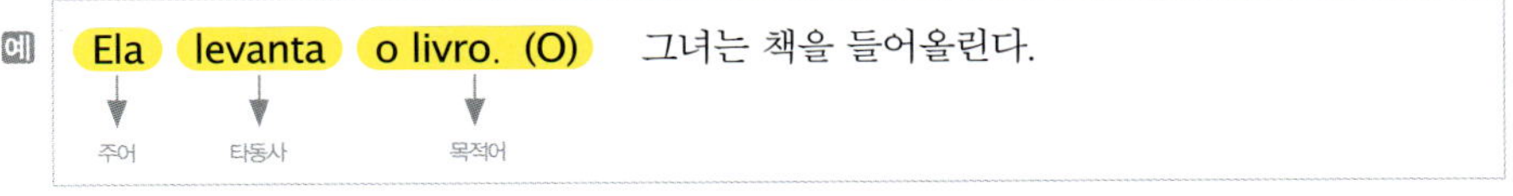

위와 같이 levantar 동사는 타동사로서 반드시 목적어를 수반해야 완전한 문장이 되는데 동사나 전치사의 목적어가 주어와 동일할 때에는 재귀대명사를 사용합니다.

위 예문에서는 주어인 eu(나)가 스스로 일어나는 것이기 때문에 재귀동사가 쓰였으며 주어가 1인칭 단수이기 때문에 재귀대명사 또한 1인칭 단수인 me가 쓰입니다.

levantar-se 동사의 활용

> levanto-me 나는 (자신 스스로) 일어난다 → eu me levanto
>
> levantas-te 너는 (자신 스스로) 일어난다 → tu te levantas
>
> levanta-se 그/그녀/당신은 (자신 스스로) 일어난다
> → ele/ela/você se levanta
>
> levantamo-nos 우리들은 (자신 스스로) 일어난다 → nós nos levantamos
>
> levantais-vos 그들/그녀들/당신들(자신 스스로) 일어난다 → vós vos levantais
>
> levantam-se 그들/그녀들/당신들은 (자신 스스로) 일어난다
> → eles/elas/vocês se levantam

O bandido <u>escondeu</u> o dinheiro. (타동사) 그 도둑은 돈을 숨겼다.

O bandido escondeu-se. (재귀동사)
그 도둑은 숨었다. (주어인 도둑인 자기 자신을 스스로 숨김)

Eu machuquei o Paulo. 나는 바울을 아프게 했다.

위 예문에서 machucar(다치게 하다, 아프게 하다) 동사는 타동사로서 반드시 목적어를 수반하게 되어있습니다.

주어인 eu(나)가 본인이 아닌 바울을 다치게 했으므로 목적어 자리에 재귀대명사가 아닌 일반 목적어가 나오게 됩니다.

그러나 자신 스스로 다칠 경우 동사의 대상이 되는 목적어가 주어와 동일한 인물이 되기 때문에 재귀동사 machucar-se가 쓰입니다.

> 예   Eu me machuquei. 나는 (내 자신 스스로) 다쳤다.
> Você machucou? (X) machucar 동사는 타동사이기 때문에 반드시 목적어가 필요합니다.
> Você se machucou? (O) 너 다쳤니? (재귀동사)

스스로 다쳤냐고 묻고 있기 때문에 재귀동사 machucar-se가 쓰이며 주어가 3인칭 단수 você(당신)이기 때문에 재귀대명사 또한 3인칭으로 쓰였습니다.
여기서 주의할 점은 재귀대명사의 3인칭 단수 복수는 모두 'se'라는 것입니다.

＊ 재귀대명사의 위치는 목적격대명사와 마찬가지로 주격대명사나 부정의 부사 등이 올 경우 동사의 앞에 옵니다. 그 외의 경우에는 일반적으로 동사의 뒤에 놓여 하이픈으로 연결됩니다.

재귀동사로만 사용되는 동사들

Suicidar-se '자살하다'
Queixar-se '~불평하다'
Arrepender-se '~후회하다'

(2) 재귀대명사의 상호적 용법

'서로 ~하다'의 뜻으로 해석되며 주어는 항상 복수 형태로 쓰입니다. 주어가 동사의 동작 또는 행위를 서로 주고 받을 때 사용합니다.
상호적 용법에서는 문장의 명확성을 높이기 위해 'um ao outro', 'entre si', 'uns aos outros' 등의 표현을 추가하는 것이 적절합니다.

예　Pedro e Caio abraçaram-se na despedida. 작별할 때 그들은 서로를 껴안았다.
　　Amavam-se um ao outro. 그들은 서로를 사랑했다.

다음 대화를 듣고 따라하세요.

M Cecília, a que horas você se levanta?

F Me levanto às 7 horas.

M E a que horas você sai de casa?

F   Saio de casa às 8:00 da manhã.

M A que horas você chega ao trabalho?

F Chego ao trabalho às 9:30.

M   A que horas você almoça?

F   Almoço ao meio-dia em ponto.

M A que horas você termina o trabalho?

F Termino às 8 da noite.

M A que horas você janta?

F Janto às 9 horas.

M E a que horas você dorme?

F Durmo às 11 horas.

01　다음 빈칸을 알맞게 채워 대화를 자연스럽게 만들어 보세요.

1. A que horas você se levanta?

   ____.

2. A que horas você termina o trabalho?

   ____.

3. A que horas você janta?

   ____.

02　다음 빈칸을 알맞게 채워 대화를 자연스럽게 만들어 보세요.

1. (nós) Ele nunca ________________ viu aqui.

2. (eu) Denis está _________ esperando.

3. (nós) Por que vocês não _________ avisaram?

4. (ela) Eu sempre ________ vejo na biblioteca.

03　다음 빈칸을 알맞게 채워 대화를 자연스럽게 만들어 보세요.

1. A que horas a Cecília se levanta?

   ____.

2. A que horas a Cecília almoça?

   ____.

3. A que horas a Cecília vai para a cama?

   ____.

04　아래 괄호 안에 시간을 포어로 써 보세요.

1. Que horas são? (2:15)　______________________________.

2. Que horas são? (1:45)　______________________________.

3. Que horas são? (12:00)　______________________________.

4. Que horas são? (11:30)　______________________________.

09

Convite

초대

filme	영화
peças	공연
musical	뮤지컬
beber	마시다, 술을 마시다
comer fora	외식하다
descansar	쉬다
cinema	극장
parque de diversão	놀이동산
shopping center	백화점
tirar fotos	사진 찍다

1

M Cecília, você gosta de assistir a filmes?

F Sim, gosto.

M Vamos ao cinema hoje à noite?

F Desculpa, Estevam. Hoje tenho que trabalhar até mais tarde.

M E amanhã?

F Amanhã, vou jantar fora com minha irmã.

M E no sábado?

F No sábado, estou livre. A que horas?

M Às 7 horas.

F Está ótimo.

---

assistir a ~을 보다, 시청하다
filme 영화
vamos ~ 가자 (ir 동사의 직설법 현재의 1인칭 복수)
cinema 극장
à ~에 (시간을 나타내는 전치사)
noite 저녁
tenho que ~을 해야만 한다 (의무)
até ~까지
tarde 오후, 늦게
amanhã 내일
jantar fora 저녁을 나가서 먹다
estar livre 한가한, 자유로운

M 쎄씰리아, 너 영화 보는 거 좋아하니?
F 응, 좋아해.
M 오늘 저녁에 극장 가자.
F 미안, 에스떼반. 오늘은 더 늦게까지 일해야 해.
M 내일은?
F 내일은 언니랑 나가서 저녁 먹기로 했어.
M 그러면 토요일은?
F 토요일에는 시간 괜찮아. 몇 시에?
M 7시에.
F 좋아.

기억하세요!

★ 가까운 미래를 나타낼 때에는 'ir(인칭별 변화) + 동사원형'의 형태를 사용합니다.

Ir + 동사원형 ～할 것이다, ～할 예정이다

예 Ela vai comer pizza amanhã. 그녀는 내일 피자를 먹을 것이다.

2

F Denis, o que você vai fazer neste fim de semana?

M Nada de especial.

F Vamos jantar fora no domingo?

M Aonde?

F No restaurante chinês perto daqui.

M Desculpa. Mas neste domingo, quero descansar em casa.

F E no final de semana que vem?

M Está ótimo.

fazer ~하다
fim de semana 주말
nada 아무것도, 아무것도
  아닌, 아무것도 없는
especial 특별한
restaurante 레스토랑
chinês 중국의, 중국인
daqui 여기에 (전치사 de +
  aqui)
desculpa 미안한, 유감스러운
descansar 휴식을 취하다
vem 오다

F 데니스, 너 이번 주 주말에 뭐 할 거야?
M 특별히 아무것도 안 할 거야.
F 일요일에 나가서 저녁 먹을래?
M 어디서?
F 여기 근처에 있는 중국 레스토랑에서.
M 미안해. 그런데 이번 주 일요일엔 집에서 쉬고 싶어.
F 그럼 다음 주말에는?
M 좋아.

★ ir '가다' 동사의 직설법 현재의 인칭별 변화

Eu vou 나는 간다

Tu vais 너도 간다

Ele/ela/você vai 그/그녀/당신은 간다

Nós vamos 우리들은 간다

Vós ides 너희들은 간다

Eles/elas/vocês vão 그들/그녀들/당신들은 간다

3

M Cecília, você gosta de assistir a musicais?

F Sim, gosto muito.

M Vamos assistir a um musical neste sábado?

F Não posso. Tenho que estudar português.

M E no domingo?

F No domingo, vou encontrar com minha amiga Ana.

M Então, quando você está livre?

F Estou livre no fim de semana que vem.

M Então, vamos nos encontrar no sábado que vem.

F A que horas?

M Às 6 horas.

F Está bom.

---

muito 매우, 많이
posso 할 수 있다
  (poder 동사의 직설법 현재
  1인칭 단수)
português 포르투갈어,
  포르투갈의, 포르투갈 사람
encontrar 만나다
sábado 토요일
a que horas? 몇 시에?
bom 좋은

M 쎄씰리아, 너는 뮤지컬 보는 거 좋아하니?
F 응, 아주 많이 좋아해.
M 이번 주 토요일에 뮤지컬 보러 가자.
F 안 돼. 포르투갈어 공부해야 해.
M 그러면, 일요일은?
F 일요일에는 내 친구 아나 만나기로 했어.
M 그러면, 언제 시간 되니?
F 다음 주말에는 시간 괜찮아.
M 그러면, 다음 주 토요일에 만나자.
F 몇 시에?
M 6시에.
F 좋아.

기억하세요!

★ neste는 '이, 이번'이라는 의미를 가지고 있으며 시간을 나타내는 전치사 em과 지시형용사
  este가 결합된 형태입니다.

em + este → neste
em + esta → nesta
em + esse → nesse
em + essa → nessa

4

F Estevam, o que você vai fazer nesta sexta-feira?

M Na sexta-feira vou sair para beber com meus colegas de trabalho.

F E no sábado?

M Vou almoçar fora com meus pais.

F Então você está livre à noite?

M À noite estou livre.

F Vamos ao shopping center?

M Você vai comprar algo?

F Vou comprar um vestido.

---

vai 가다 (ir 동사의 직설법 현재의 3인칭 단수)
sexta-feira 금요일
colega 동료
almoçar 점심 먹다
almoçar fora 나가서 점심 먹다
pais 부모님
shopping center 백화점
comprar 사다, 구매하다, 구입하다
algo 어떤 것
vestido 원피스

F 에스떼반, 너 이번 주 금요일에 뭐 할 거야?
M 금요일에는 회사 동료들과 나가서 술 마실 거야.
F 토요일은?
M 부모님과 나가서 점심 먹을 거야.
F 그러면, 저녁에는 시간 있어?
M 저녁에는 한가해.
F 백화점 갈래?
M 뭐 살 거야?
F 원피스 한 벌 사려고.

기억하세요!

★ 전치사 para '～로, ～에게, ～을'

para + 동사원형 '～하기 위해'
para + 장소를 나타내는 명사 등 '～로'
para + 사람을 나타내는 명사 혹은 대명사 '～에게'

Rogério   Ji-yeon, o que você vai fazer nesta sexta-feira? Vamos jantar fora?

Ji-yeon   Nesta sexta-feira, tenho que trabalhar até mais tarde.

Rogério   Então vamos almoçar fora no sábado e depois vamos assistir a um filme?

Ji-yeon   Desculpa, mas no sábado à tarde vou ao shopping center.

Rogério   E no sábado à noite?

Ji-yeon   À noite estarei livre.

Rogério   Então vamos jantar e assistir a um filme?

Ji-yeon   Tá bom. A que horas?

Rogério   Às 8 horas.

Ji-yeon   Ótimo. Te vejo no sábado à noite.

호제리오	지연, 너 이번 주 금요일에 뭐 할 거야? 나가서 저녁 먹을래?
지연	이번 주 금요일엔 더 늦게까지 일해야 돼.
호제리오	그럼 토요일에 나가서 점심 먹고 영화 보러 갈래?
지연	미안해, 그런데 토요일 낮에는 백화점 다녀오려고.
호제리오	그러면 토요일 저녁에는?
지연	저녁에는 시간 괜찮아.
호제리오	그러면 저녁 먹고 영화 보러 가자.
지연	알았어. 몇 시에?
호제리오	8시에.
지연	좋아. 그럼 토요일 저녁에 보자.

nesta 이번 (전치사 em + 지시사 esta) sexta-feira 금요일
assistir ~시청하다, 보다, 돕다, 도움을 주다, 거들다
então 그래서, 그러므로 almoçar fora 점심을 밖에서 먹다 (외식하다)
sábado 토요일 desculpa 미안한, 유감스러운, 미안해, 죄송해요
à ~에 (시간을 나타내는 전치사) tarde 오후, 늦은
mas 그러나 tá bom 알았어 'está bom'의 줄임말
estarei ~있을 것이다 (estar 동사의 단순 미래)
te 너, 너를, 너에게 (인칭대명사) vejo 보다 (ver 동사의 1인칭 단수)

기억하세요!

★ estar 동사의 직설법 미래 인칭별 변화

Eu estarei	Tu estarás
Ele/Ela/Você estará	Nós estaremos
Vós estareis	Eles/Elas/Vocês estarão

01 미래시제

영어에서 미래시제를 표현하기 위해 will 혹은 be going to를 사용하는 것과 같이 포어에서도 2가지의 형태로 미래시제를 나타낼 수 있습니다.

* 직설법 미래 '~할 것이다, ~할 예정이다'
* 가까운 미래 (ir 동사의 직설법 현재 + 동사원형) '~할 것이다, ~할 예정이다'

1. 직설법 미래의 형태

(1) 규칙동사

규칙동사들의 직설법 미래의 형태는 동사 원형에 –ei, ás, á, emos, eis, ão을 덧붙입니다.

〈인칭별 변화〉

morar 살다

Eu morarei 나는 살 것이다

Tu morarás 너는 살 것이다

Ele /ela/ você morará 그/그녀/당신은 살 것이다

Nós moraremos 우리는 살 것이다

Vós morareis 너희들은 살 것이다

Eles/ elas / vocês morarão 그들/그녀들/당신들은 살 것이다

(2) 불규칙 동사

Dizer(말하다), trazer(가져오다), fazer(~하다) 등과 같은 –zer로 끝나는 동사들은 다음과 같이 변화합니다.

Dizer 말하다

Eu direi 나는 말할 것이다

Tu dirás 너는 말할 것이다

Ele/ela/você dirá 그/그녀/당신은 말할 것이다

Nós diremos 우리는 말할 것이다

Vós direis 너희들은 말할 것이다

Eles/elas/ vocês dirão 그들/그녀들/당신들은 말할 것이다

Fazer ~하다

Eu farei 나는 할 것이다

Tu farás 너는 할 것이다

Ele/ela/você fará 그/그녀/당신은 할 것이다

Nós faremos 우리는 할 것이다

Vós fareis 너희들은 할 것이다

Eles/elas/ vocês farão 그들/그녀들/당신들은 할 것이다

Trazer 가져오다

Eu trarei 나는 가져올 것이다

Tu trarás 너는 가져올 것이다

Ele/ela/você trará 그/그녀/당신은 가져올 것이다

Nós traremos 우리는 가져올 것이다

Vós trareis 너희들은 가져올 것이다

Eles/elas/ vocês trarão 그들/그녀들/당신들은 가져올 것이다

(3) 직설법 미래의 용법

① 미래의 동작이나 상태를 나타내기 위해 사용됩니다.

No ano que vem, trabalharei mais.
내년에는 더 열심히 일할 것이다.

Eu viajarei pela Europa neste inverno.
나는 올 겨울에 유럽을 여행할 것이다.

Ela partirá às 9 horas de São Paulo.
그녀는 상파울루에서 9시에 출발할 예정이다.

② 현재의 추측 혹은 가능성을 표현하기 위해 사용됩니다.

Amanhã choverá muito.
내일은 비가 많이 내릴 것이다.

Isto nos trará muitos problemas.
이것들은 우리에게 많은 문제를 일으킬 것이다.

2. Ir 동사의 직설법 현재 + 동사원형

'ir 동사의 직설법 현재 + 동사원형'은 가까운 미래를 표현하기 위해 사용됩니다.

Ir 동사의 인칭별 변화 (+ 동사원형) ~할 것이다, ~할 예정이다

Eu vou + 동사원형 나는 ~할 것이다, ~할 예정이다

Tu vais + 동사원형 너도 ~할 것이다, ~할 예정이다

Ele/ela/você vai + 동사원형 그/그녀/당신은 ~할 것이다, ~할 예정이다

Nós vamos + 동사원형 우리들은 ~할 것이다, ~할 예정이다

Vós ides + 동사원형 너희들은 ~할 것이다, ~할 예정이다

Eles/elas/vocês vão + 동사원형 그들/그녀들/당신들은 ~할 것이다, ~할 예정이다

Hoje eu vou comprar um vestido. 오늘 나는 원피스를 살 것이다.

O que você vai fazer amanhã? 너 내일 뭐 할 거니?

Nós vamos jantar no restaurante chinês neste sábado.

우리는 이번 주 토요일에 중국 레스토랑에서 저녁 식사를 할 예정이다.

02 직설법 과거미래

직설법 과거미래는 과거의 어느 시점에서 본 미래나 어느 사실에 대한 추측과 어느 사실에 반대되는 가정문의 주절에 사용됩니다.

1. 직설법 과거미래의 형태

(1) 동사의 어미에 인칭별로 다음과 같이 덧붙입니다.

어미 –ar, –er, –ir: –ia, –ias, –ia, –íamos, –íeis, –iam

morar 살다	vender 팔다	abrir 열다
moraria	venderia	abriria
mararias	venderias	abririas
moraria	venderia	abriria
moraríamos	venderíamos	abriríamos
moraríeis	venderíeis	abriríeis
morariam	venderiam	abririam

(2) 어미가 –zer로 끝나는 동사들은 다음과 같은 변화가 일어납니다.

dizer 말하다	fazer ～하다	trazer 가져오다
diria	faria	traria
dirias	farias	trarias
diria	faria	traria
diríamos	faríamos	traríamos
diríeis	faríeis	traríeis
diriam	fariam	trariam

2. 직설법 과거미래의 용법

(1) 과거의 시점에서 본 미래를 나타냅니다.

Ela me disse que algum dia te diria a verdade.
그녀는 어느 날 너에게 사실을 말할 거라고 나에게 말했다.

(2) 과거, 현재, 미래의 사실에 대한 추측을 나타냅니다.

Seriam aproximadamente 2 horas da manhã quando ele chegou.
그는 새벽 2시경에 들어왔을 것이다.

(3) 어느 사실에 반대되는 가정문에 사용됩니다.

Sairia com você se eu tivesse tempo.
나에게 시간이 있다면 너와 데이트할 텐데.

Sairia de casa se não chovesse tanto.
비가 많이 내리지 않는다면 집에서 나갈 텐데.

Compraria um vestido se tivesse dinheiro.
돈이 있었다면 원피스를 살 텐데.

(4) 상대방에게 공손하게 무엇을 말하거나 부탁하기 위해 사용됩니다.

Você poderia me ajudar?
저를 도와 주실 수 있나요?

Você me traria um copo de suco de laranja?
나에게 오렌지 주스 한 잔만 가져다 줄 수 있나요?

Você me esperaria lá fora?
밖에서 나를 기다려 줄 수 있나요?

듣기

다음 대화를 듣고 따라하세요.

01　F　O que você vai fazer no fim de semana?

　　　M　Vou almoçar com meus pais.

02　M　Vamos assistir a um filme hoje à noite?

　　　F　Não, posso. Hoje vou trabalhar até mais tarde.

03　F　Vamos ao cinema no sábado?

　　　M　A que horas?

　　　F　Às 8horas.

　　　M　Tá bom. Te vejo no fim de semana.

04　M　O que você vai fazer no fim de semana?

　　　F　No fim de semana vou encontrar com minhas amigas.

05　F　O que você vai fazer no sábado?

　　　M　No sábado à noite, eu vou ao cinema.

　　　F　E no domingo?

　　　M　No domingo vou jantar com a minha irmã.

06　M　Cecília, vamos jantar neste domigo?

　　　F　Aonde?

　　　M　No restaurante chinês perto daqui.

07

M   Oi, Cecília. O que você vai fazer hoje depois do trabalho?

F   Hoje à noite vou ao shopping center com minhas amigas.

M   Então, o que você vai fazer no sábado?

F   Nada de especial. Por que?

M   Vamos ao cinema?

F   A que horas?

M   Às 7horas.

F   Tá bom.

01　다음 질문들에 답하세요.

1. Geralmente, o que você faz no fim de semana?

   ____.

2. Você gosta de assistir a filmes?

   ____.

3. Escreva mais de 3 atividades que você costuma fazer quando está livre.

   ____.

02　가까운 미래 ir + 동사원형을 사용하여 다음 질문들에 대답해 보세요.

1. O que você vai comer hoje à noite?

   ____.

2. O que você vai fazer depois do jantar?

   ____.

3. O que você vai fazer no fim de semana?

   ____.

03　다음 보기와 같이 질문을 만들어 보세요.

> 〈보기〉 -Você vai tomar coca-cola?　-Não, vou tomar café.

1. ___________________________? -Vamos, sim. Vamos ao cinema.
2. ___________________________? -Não, vou jantar às 6 horas.
3. ___________________________? -Vou, sim. Vou tomar suco de laranja.

04　직설법 미래를 사용하여 다음 문장들을 미래시제로 바꾸세요.

1. Eu tomo cerveja.　_____________________________.
2. Eu assisto à televisão.　_____________________________.
3. Eu jogo futebol.　_____________________________.

05　듣기편의 7번 대화를 듣고 다음 질문에 답하세요.

1. O que a Cecília vai fazer no sábado?

   ____.

2. O que eles vão fazer?

   ____.

geralmente
보통, 대개
escrever 쓰다
atividade 활동
tomar 마시다
cerveja 맥주
jogar futebol
축구를 하다

andar	걷다
avião	비행기
bicicleta	자전거
carro	자동차
dirigir	운전하다
metrô	전철
moto	오토바이
navio	배
ônibus	버스
pegar	잡다
táxi	택시
trem	기차

1

M Boa tarde, senhorita. Para onde vai?

F Para o Shopping Paulista.

M Sim, senhorita.

F Quanto tempo demora para chegar?

M Aproximadamente 20 minutos.

F Tá bom.

(no Shopping Paulista)

M Já chegamos.

F Quanto é?

M São 37 reais.

F Você pode ficar com o troco.

M Muito obrigado.

F De nada.

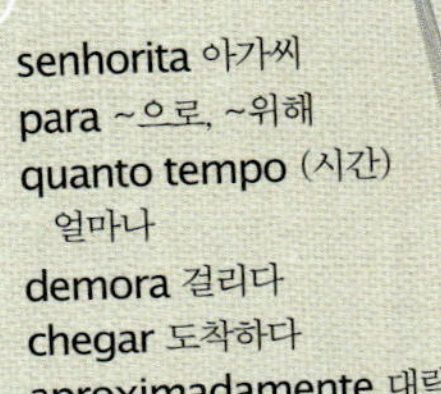

senhorita 아가씨
para ~으로, ~위해
quanto tempo (시간)
　얼마나
demora 걸리다
chegar 도착하다
aproximadamente 대략
real 레알 (브라질 화폐)
já 이미
pode 가능, ~할 수 있다
troco 잔돈, 거스름돈

M 안녕하세요, 아가씨. 어디 가시죠?
F 빠울리스따 백화점으로 가 주세요.
M 네, 아가씨.
F 도착하려면 얼마나 걸리죠?
M 대략 20분 걸립니다.
F 네.
　 (빠울리스따 백화점 도착)
M 이제 도착했습니다.
F 얼마예요?
M 37 레알입니다.
F 잔돈은 가지셔도 됩니다.
M 매우 감사합니다.
F 천만에요.

2

F Táxi!

M Boa tarde. Para onde vai?

F Para o Hotel Luz.

M Sim, senhora.

F É longe daqui?

M Não muito. Demora aproximadamente 30 minutos daqui.

F Hoje o tráfego está bom, não é?

M Sim, senhora.

F Ainda bem.

(Hotel Luz)

M Já chegamos.

F Quanto é?

M São 40 reais.

F Aqui.

M Muito obrigado. Tchau.

senhora 부인, 아줌마, ~씨
longe 멀리
daqui 여기서
tráfego 교통
ainda bem 다행이네요
hoje 오늘
não é? 그렇지 않나요?
(부가의문문)

F 택시!

M 안녕하세요. 어디로 가시죠?

F 루즈 호텔이요.

M 예, 부인.

F 여기서 먼가요?

M 많이 멀지는 않습니다. 여기서 대략 30분 정도 걸려요.

F 오늘은 교통이 참 좋네요, 그렇지 않나요?

M 네, 그렇네요.

F 다행이네요.

(루즈 호텔 도착)

M 도착했습니다.

F 얼마죠?

M 40 레알입니다.

F 여기요.

M 감사합니다. 안녕히 가세요.

기억하세요!

★ daqui는 '여기서'라는 의미로 전치사 de와 부사 aqui가 결합된 형태입니다.

de + aqui → daqui

Daqui a minha casa demora aproximadamente 10 minutos a pé.
여기서 우리 집은 걸어서 약 10분 정도 걸린다.

3

M Boa noite. Para onde vai?

F Para o aeroporto.

M Sim, senhora.

F Quanto tempo demora daqui para chegar ao aeroporto?

M Se não tiver trânsito 40 minutos.

F Tenho que chegar até às 7 horas.

M Vou tentar ir o mais rápido possível.

F Obrigada.

(no aeroporto)

M Já chegamos.

F Quanto é?

M São 45 reais.

F Aqui. Você pode ficar com o troco.

M Obrigado.

aeroporto 공항
chegar a ~에 도착하다
se 만약~면, 만일 ~면
  (가정적 조건을 나타냄)
tiver ~있다면
  (ter 동사의 접속법 미래의
  1, 3인칭 단수)
até ~까지
tentar ~하도록 노력하다,
  애를 쓰다
o mais rápido 가장 빨리
possível 가능한
chegamos 도착하다,
  도착했다 (chegar 동사의
  완전과거의 1인칭 복수)

M 안녕하세요. 어디로 가시죠?
F 공항으로 가 주세요
M 예, 알겠습니다, 부인.
F 여기서 공항까지 얼마나 걸리죠?
M 차가 밀리지 않으면 40분 정도 걸립니다.
F 7시까지 도착해야 해서요.
M 가능한 한 가장 빨리 가도록 노력하겠습니다.
F 감사합니다.
  (공항 도착)
M 도착했습니다.
F 얼마죠?
M 45 레알입니다.
F 여기요. 잔돈은 가지셔도 됩니다.
M 감사합니다.

4

M   Como você vai ao trabalho?

F   Vou de ônibus.

M   Aonde você pega ônibus?

F   No ponto de ônibus perto de minha casa. E você? Como você vai à escola?

M   Vou de metrô.

F   Aonde você pega metrô?

M   Na Estação Paulista.

F   Quanto custa a passagem?

M   Custa 2 reais.

F   Como está caro!

M   Pois é.

vai ao ~가다 (ir 동사의 직설법 현재의 3인칭 단수)

ir de + 교통수단 '~타고 가다'

aonde 어디에

pega 잡다, 타다 (pegar 동사의 직설법 현재의 3인칭 단수)

no ~에

ponto de ônibus 버스 정류장

perto de ~ 근처에

estação 역

custa (값, 비용이) 들다

passagem 승차권

caro (값이) 비싼

pois é 그러게

M   너는 회사에 어떻게 가니?
F   나는 버스 타고 가.
M   버스는 어디서 타니?
F   우리 집 근처에 있는 버스 정류장에서. 너는? 학교에 어떻게 가니?
M   나는 전철 타고 가.
F   전철은 어디서 타는데?
M   빠울리스따 역에서.
F   승차권은 얼마야?
M   2 레알이야.
F   엄청 비싸졌네!
M   그러게.

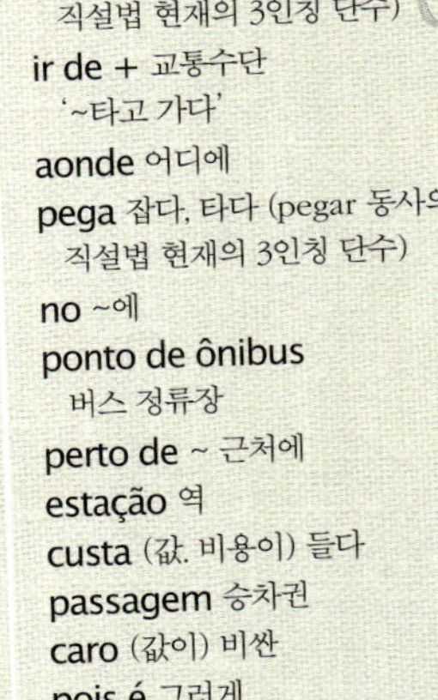

★ pegar + 교통수단 '~을 타다'

pegar ônibus 버스를 타다
pegar táxi 택시를 타다
pegar metrô 전철을 타다

Rogério	Alô! Bom dia, Ji-yeon. Você não se esqueceu do nosso compromisso de hoje à noite, não é?
Ji-yeon	Oi, Rogério. Claro que não!
Rogério	Você vai ao cinema de ônibus?
Ji-yeon	Não, vou pegar metrô.
Rogério	Aonde você vai pegar metrô?
Ji-yeon	Na Estação Paulista. E você? Você também vai pegar metrô?
Rogério	Não, vou de ônibus. Tem um ponto de ônibus perto da minha casa.
Ji-yeon	Tá bom. Então, te vejo à noite.
Rogério	Até logo.

호제리오	여보세요! 안녕, 지연. 오늘 저녁 약속 잊지 않았지?
지연	안녕, 호제리오. 당연히 잊지 않았지.
호제리오	너는 극장에 버스 타고 갈 거니?
지연	아니, 전철 탈 거야.
호제리오	전철은 어디서 탈 거야?
지연	빠울리스따 역에서. 너는? 너도 전철 탈 거니?
호제리오	아니, 나는 버스 타고 갈 거야. 우리 집 근처에 버스 정류장이 있어.
지연	알았어. 그러면 저녁에 보자.
호제리오	이따 보자.

alô! 여보세요! compromisso 약속
esqueceu 잊어버렸다
 (esquecer 동사의 직설법 완전과거의 1인칭 단수)
claro que não! 당연히 아니지! até logo 곧 보자
vejo ~보다 (ver 동사의 직설법 현재 1인칭 단수)

기억하세요!

★ Ir de+ 교통수단 '~을 타고 가다'

ir de ônibus 버스를 타고 가다

ir de metrô 전철을 타고 가다

ir de bicicleta 자전거를 타고 가다

ir de táxi 택시를 타고 가다

ir a pé 걸어가다

01 직설법 불완전과거

직설법 불완전과거는 '~을 하고 있었다, ~을 하곤 했다'라는 표현으로 과거에 습관적으로 지속된 일, 과거에 진행 중이었던 행위, 동작 및 상태 등을 표현할 때 쓰입니다.

1. 직설법 불완전과거의 형태

(1) 규칙동사

-ar 동사 (morar ~살다)

eu morava
tu moravas
ele/ela/você morava
nós morávamos
vós moráveis
eles/elas/vocês moravam

-er 동사 (beber 마시다)

eu bebia
tu bebias
ele/ela/você bebia
nós bebíamos
vós bebíeis
eles/elas/vocês bebiam

-ir 동사 (ouvir 듣다)

eu ouvia
tu ouvias
ele/ela/você ouvia
nós ouvíamos
vós ouvíeis
eles/elas/vocês ouviam

(2) 불규칙 동사

Ser ~이다

eu era
tu eras
ele/ela/você era
nós éramos
vós éreis
eles/elas/vocês eram

estar ~하다, ~이다

eu estava
tu estavas
ele/ela/você estava
nós estávamos
vós estáveis
eles/elas/vocês estavam

vir 오다	ter 가지다
eu vinha	eu tinha
tu vinhas	tu tinhas
ele/ela/você vinha	ele/ela/você tinha
nós vínhamos	nós tínhamos
vós vínheis	vós tínheis
eles/elas/vocês vinham	eles/elas/vocês tinham

2. 직설법 불완전과거의 용법

(1) 과거의 습관 혹은 반복된 동작

Ele fumava muito.
그는 담배를 많이 피웠었다.

(과거에 그는 담배를 많이 피웠지만 현재는 피우지 않거나 적게 피움)

Antigamente, ela comia pizza quase todos os dias.
옛날에, 그녀는 거의 매일 피자를 먹곤 했었다.

(그녀는 예전에 거의 매일 피자를 먹었지만 지금은 매일 먹지 않음)

(2) 과거의 연속적인 동작이나 상태

Ontem, eu estava com febre. 어제 나는 열이 있었다.

(어제는 열이 있었지만 지금은 열이 없는 상태)

Eu morava em Seul. 나는 서울에 살았었다.

(예전에는 서울에 살았지만 지금은 다른 곳에 살고 있음)

(3) 과거 시점에 진행되고 있는 동작이나 상태

Almoçava quando ele chegou.
그가 왔을 때 점심 식사를 하고 있었다.

Estudava português quando ela me ligou.
그녀가 전화했을 때 포르투갈어를 공부하고 있었다.

(4) 과거의 동시에 일어나는 동작이나 상태

Sempre que ele olhava para ela, ela sorria.
그가 그녀를 바라봤을 때마다, 그녀는 미소를 지었었다.

Sempre que ouvia aquela música, pensava nele.
그 음악을 들었을 때마다, 나는 그를 생각했었다.

02 직설법 완전과거

직설법 완전과거는 과거에 동작, 상태 등이 완료되어 끝난 것을 표현할 때 사용됩니다.

1. 직설법 완전과거의 형태

(1) 규칙동사

규칙동사의 직설법 완전과거의 활용 어미는 다음과 같습니다.
동사의 어미 -ar, -er, -ir을 제거하고 인칭에 따라 다음의 어미들을 덧붙입니다.

-ar 동사: -ei, -aste, -ou, -amos, -astes, -aram
-er 동사: -i, -este, -eu, -emos, -estes, -eram
-ir 동사: -i, -iste, -iu, -imos, -istes, -iram

-ar 동사 (morar)	-er 동사 (beber)	-ir 동사 (ouvir)
morei	bebi	ouvi
moraste	bebeste	ouviste
morou	bebeu	ouviu
moramos	bebemos	ouvimos
morastes	bebestes	ouvistes
moraram	beberam	ouviram

(2) 가장 많이 사용되는 불규칙동사

estar (~있다, ~하다)

estive

estiveste

esteve

estivemos

estivestes

estiveram

ser (~이다)

fui

foste

foi

fomos

fostes

foram

ir (가다)

fui

foste

foi

fomos

fostes

foram

dizer (말하다)

disse

disseste

disse

dissemos

dissestes

disseram

fazer (~하다)

fiz

fizeste

fez

fizemos

fizestes

fizeram

saber (알다)

soube

soubeste

soube

soubemos

soubestes

souberam

sair (나가다)

saí

saíste

saiu

saímos

saístes

saíram

trazer (가져오다)

trouxe

trouxeste

trouxe

trouxemos

trouxestes

trouxeram

ver (보다)

vi

viste

viu

vimos

vistes

viram

문법

2. 직설법 완전과거의 용법

(1) 동작이나 상태가 어느 시점에 완료된 것을 나타냅니다.

Ontem, eu assisti à televisão.
어제 나는 텔레비전을 봤다.

Eles partiram para a Europa no ano passado.
그들은 지난달에 유럽으로 떠났다.

Hoje ela bebeu cerveja.
그녀는 오늘 맥주를 마셨다.

Nós estudamos português no ano passado.
우리는 작년에 포르투갈어를 공부했다.

O filme de ontem foi muito interessante.
어제 그 영화는 매우 흥미로웠다.

Meus irmãos foram para a escola.
나의 형제들은 학교에 갔다.

(2) 경험

Eu estive na Inglaterra em 1985.
나는 1985년에 영국에 있었다. (가 보았다)

(3) 역사적 사실

O primeiro presidente do Brasil foi Deodoro da Fonseca.
브라질의 첫 대통령은 데오도로 다 폰세카였다.

Cabral descobriu Brasil em 1500.
카브랄은 1500년에 브라질을 발견했다.

브라질 전통 음식

Feijoada (페이조아다)

페이조아다는 검은 콩과 고기를 함께 끓인 브라질의 대표적인 음식입니다. 과거에 브라질의 노예들이 만들어 먹던 요리에 유래하였습니다. 노예들은 먹을 것이 없었기 때문에 농장 주인들이 먹지 않고 버리는 돼지 꼬리, 귀, 족발 등을 콩과 함께 삶아 먹었습니다.

요즘은 여러 가지 고기, 소시지, 베이컨 등을 같이 넣어 끓여 먹습니다. 전통적으로 대다수 브라질 사람들이 수요일과 토요일에 페이조아다를 즐겨 먹습니다.

다음 대화를 듣고 따라하세요.

01

M Como você vai ao trabalho?

F Vou de ônibus.

M Como você vai ao banco?

F Vou de metrô.

M Como você vai à escola?

F Vou de carro.

M Como você vai ao shopping center?

F Vou de bicicleta.

M Como você vai a casa?

F Vou de carro.

M Como você vai a Portugal?

F Vou de navio.

M Como você vai à casa de Cecília?

F Vou de táxi.

F Como você vai à casa de sua avó?

M Vou de trem.

M Como você vai ao Brasil?

F Vou de avião.

02

M Cecília, como você vai ao trabalho?

F Vou de ônibus. E você Denis? Como você vai à escola?

M Eu pego metrô. Aonde você pega ônibus?

F No ponto de ônibus perto da minha casa. E você? Aonde você pega metrô?

M Eu pego metrô na estação Vila Madalena.

F E quanto tempo demora para você chegar à escola?

M Aproximadamente 20 minutos. E você?

F Eu demoro mais de 1 hora.

banco 은행 carro 자동차 navio 배, 선박
avó 할머니 avião 비행기

연습문제

01 **다음 질문들에 답하세요.**

Comó você vai ao trabalho?

____.

02 **다음 빈칸을 직설법 완전과거로 채우세요.**

1. (ser) O filme de ontem ___________ interessante.
   어제 본 영화는 흥미로웠다.

2. (ter) Nós _____________ muito trabalho na semana passada.
   우리는 지난주에 일이 무척 많았다.

3. (estar) Eu já _____________ em Portugal. 나는 포르투갈에 가 본 적이 있어.

4. (estar) Ela __________ no Japão? 그녀는 일본에 가 본 적 있어?

5. (partir) Nós _____________ às 7 horas. 우리는 7시에 출발했다.

6. (começar) A reunião ______________ às 2 horas. 회의는 2시에 시작되었다.

7. (abrir) Eu não __________ esta janela ontem.
   나는 어제 이 창문을 열지 않았다.

8. (abrir) Hoje _____________ a loja às 8 horas. 오늘 나는 8시에 가게를 열었다.

9. (sair) Ontem __________ de casa mais cedo.
   어제 나는 집에서 더 일찍 나갔다.

10. (comer) Nós __________________ pizza ontem à noite.
    우리는 어제 저녁에 피자를 먹었다.

03 다음 빈칸을 직설법 불완전과거로 채우세요.

1. (morar) Eu ___________ em Portugal. 나는 포르투갈에 살았었다.

2. (ser) Ela ___________ muito linda, antes do acidente.
사고 전에, 그녀는 매우 예뻤었다.

3. (gostar) Nós _____________ muito dele. 우리는 그를 매우 좋아했었다.

4. (fazer) Ele _____________ natação todos os dias. 그는 매일 수영을 했었다.

5. (beber) Ele _______________ muito. 그는 술을 아주 많이 마시곤 했었다.

6. (comer) Ela _______________ pizza quase todos os dias.
그녀는 거의 매일 피자를 먹곤 했다.

7. (levantar) Eu _______________ às 5 horas. 나는 5시에 일어나곤 했었다.

04 듣기편의 2번 대화를 듣고 다음 질문들에 대답해 보세요.

1. Como a Cecília vai ao trabalho?

    ____.

2. Como o Denis vai à escola?

    ____.

3. Onde a Cecília pega este meio de transporte?

    ____.

4. Onde o Denis pega este meio de transporte?

    ____.

ontem 어제　interessante 흥미로운　semana passada 지난 주
começar 시작하다　reunião 회의　abrir 열다　janela 창문
mais cedo 더 일찍　linda 아름다운　acidente 사고
natação 수영　quase 거의　meio de transporte 교통수단

11

Ao telefone

전화 통화

assistir	보다, 시청하다
beber	마시다
comer	먹다
comprar	사다, 구매하다, 매입하다
dormir	자다
escrever	글을 쓰다
escutar	듣다
estudar	공부하다
fazer	~하다
ler	읽다
ligar	전화하다, 연결하다, 켜다
tomar	마시다, 취하다
trabalhar	일하다

1

F	Alô!
M	Alô! Oi, Cecília. Tudo bem?
F	Tudo bem.
M	Cecília, o que você está fazendo?
F	Estou trabalhando. Por que?
M	Liguei para saber se você está livre hoje à noite.
F	Hoje irei sair com minha irmã para jantar. Desculpa.
M	Tudo bem. Outro dia te ligo.
F	Tchau.

alô 여보세요
por que? 왜?
fazendo ~하고 있는 중이다
liguei 전화했다 (직설법완전
　과거의 1인칭 단수)
livre 자유로운, 한가한
à ~에
　(시간을 나태는 전치사)
irei ~갈 것이다, ~ 할 것이다
desculpa 미안한, 유감스러운
sem ~없이
problemas 문제
deixa ~내버려두다, 놓다
outro 다른, 다시, 다음

F	여보세요!
M	여보세요! 안녕, 쎄씰리아. 잘 지내?
F	잘 지내.
M	쎄씰리아, 너 지금 뭐 하고 있어?
F	지금 일하고 있는 중이야. 왜?
M	오늘 저녁에 너 시간되는지 물어보려고 전화했어.
F	오늘은 언니와 나가서 저녁 먹기로 했어. 미안해.
M	괜찮아. 다음에 또 전화할게.
F	안녕.

기억하세요!

★ 진행형

어느 시점에 진행 중인 상태를 나타낼 때에는 'estar + 동사원형'에서 어미 r을 제거하고 −
ndo를 덧붙여 사용합니다.

Tomar (마시다, 취하다) → toma**ndo**
Beber (마시다) → bebe**ndo**
Dormir (자다) → dormi**ndo**

따라서 **estar** 동사만 시제와 인칭에 맞게 변화되며 그 뒤에 오는 동사는 어미 −r를 제거하
고 −ndo를 덧붙여 줍니다.

Estou bebendo um copo de leite quente. 나는 따뜻한 우유 한 잔을 마시고 있다.
Ela está dormindo agora. 그녀는 지금 자고 있다.

2

M Alô!

F Alô, Denis! Que surpresa!

M Tudo bem?

F Tudo ótimo.

M Cecília, o que você está fazendo?

F Estou estudando para a prova de português de amanhã. E você?

M Não estou fazendo nada de especial.

F Denis, desculpa. Mas eu posso te ligar amanhã? Hoje tenho que estudar.

M Tá bom.

que surpresa!
웬일이야! (감탄사)
tudo 모든, 다, 모두, 완전히
bem 잘, 좋게
prova 시험
de ~에 (시간, 소유 등을 나타내는 전치사)
amanhã 내일
especial 특별한
hoje 오늘
mas 그러나, 하지만,
tenho que ~해야만 한다 (의무)
estudar 공부하다, 학습하다

M 여보세요!

F 여보세요, 데니스! 웬일이야!

M 잘 지내?

F 아주 잘 지내.

M 쎄씰리아, 뭐 하고 있니?

F 내일 포르투갈어 시험이 있어서 공부하고 있는 중이야. 너는?

M 나는 특별히 하고 있는 건 없어.

F 데니스, 미안한데 내일 전화해도 될까? 오늘은 공부해야 돼서.

M 알았어.

기억하세요!

★ ter + que

ter 동사는 기본적으로 '~있다, ~가지고 있다'의 뜻을 가지고 있지만, ter 동사와 함께 que 가 나오면 강한 의무를 나타냅니다.

Ela **tem que** estudar mais. 그녀는 공부를 더 많이 해야만 한다.

3

F	O que você está fazendo?
M	Estou assistindo à televisão.
F	O que a sua mãe está fazendo?
M	Ela está cozinhando.
F	E o que o seu pai está fazendo?
M	Ele está lendo o jornal.
F	E o que o seu irmão Denis está fazendo?
M	Ele está jogando video game.

assistindo ~보고 있는 중
televisão 텔레비전
cozinhando 요리하는 중
lendo 읽는 중
jornal 신문, 뉴스
jogando 놀다, (게임, 놀이 등을) 하다
video game 비디오 게임

F	너는 뭐 하고 있니?
M	텔레비전 보고 있는 중이야.
F	너의 어머님은 뭐 하고 계셔?
M	지금 요리하고 계셔.
F	아버님은 뭐 하고 계시는데?
M	아버지는 신문 읽고 계셔.
F	그럼, 너의 동생 데니스는 뭐 하고 있니?
M	데니스는 비디오 게임하고 있어.

★ 기타 전화표현

Alô! Quem fala? 여보세요! 누구시죠?
Foi engano. 잘못 걸었습니다.
Com quem você gostaria de falar? 누구 찾으시죠?
Gostaria de deixar recado? 메모 남기시겠습니까?
Ligo mais tarde. 나중에 전화하겠습니다.
Você pode pedir para ele/ela para me ligar mais tarde?
그/그녀에게 나중에 저에게 전화해 달라고 전해 주시겠어요?
Não tem ninguém com este nome. 그 이름을 가지고 계신 분은 없습니다.

4

M Cecília, o que você está fazendo?

F Estou comendo o bolo de chocolate. E você?

M Estou fazendo a lição de casa de português.

F Por que você não está trabalhando hoje?

M Porque estou de folga. E por que você não está estudando português?

F Porque estou cansada.

M O que a sua irmã Clara está fazendo?

F Ela está assistindo a tv.

bolo 케이크
chocolate 초콜릿
acabando ~ 막 마치고
있는 중이다 (acabar 동사
의 현재 분사)
lição de casa 숙제
por que? 왜? (질문)
hoje 오늘
folga 휴가
porque ~때문에, ~해서
(대답)
cansada 피곤한

M 쎄씰리아 너 뭐 하고 있니?
F 초콜릿 케이크 먹고 있어. 너는?
M 나는 포르투갈어 숙제 끝내고 있는 중이야.
F 너는 왜 오늘 일 안 하고 있니?
M 휴가라서 그래. 그럼 너는 왜 포르투갈어 숙제 안 하고 있니?
F 너무 피곤해서.
M 너의 언니 클라라는 뭐 하고 있어?
F 언니는 텔레비전 보고 있는 중이야.

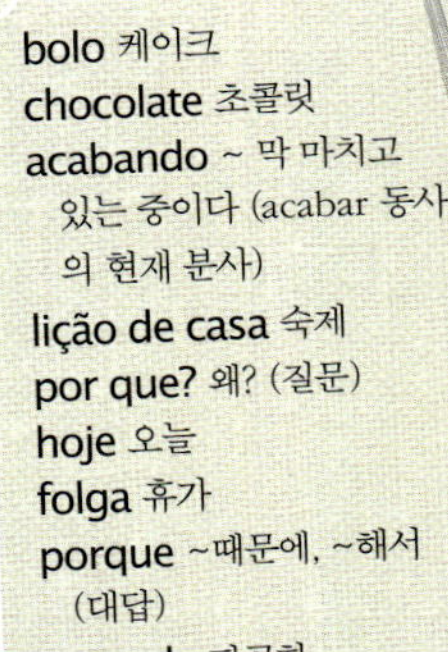

★ **por que**와 **porque**의 용법

por que(왜)는 이유를 물을 때 쓰이는 의문사입니다.

예 Por que você não trabalha hoje? 왜 오늘 일 안 해?
　Por que você não vai ao cinema? 왜 영화 보러 가지 않니?

이유를 나타낼 때 사용되는 접속사 **porque**는 '왜냐하면, ~때문에, ~해서' 로 해석됩니다.

예 Eu não trabalho hoje porque é feriado. 오늘은 공휴일이기 때문에 일을 하지 않는다.
　Não fui ao cinema porque tenho que estudar para a prova.
　시험 공부를 해야 해서 극장에 가지 않았다.

Ji-yeon	Alô!
Rogério	Oi, Ji-yeon. Que surpresa!
Ji-yeon	Rogério, o que você está fazendo agora?
Rogério	Estou lendo um livro. E você?
Ji-yeon	Eu estava escrevendo uma carta para uma amiga minha.
Rogério	Você quer sair para beber algo?
Ji-yeon	Acho que hoje vou ficar em casa descansando. Desculpa.
Rogério	Tudo bem. A gente pode sair outro dia.
Ji-yeon	Sim, amanhã eu te ligo. Tchau.

지연   여보세요!
호제리오 안녕, 지연. 웬일이야!
지연   호제리오, 너 지금 뭐 하고 있니?
호제리오 난 책 읽고 있어. 너는?
지연   나는 친구에게 편지를 쓰고 있었어.
호제리오 나가서 뭐 좀 마실래?
지연   아니, 오늘은 집에서 쉴래. 미안해.
호제리오 괜찮아. 다음에 가면 되지.
지연   응, 내일 전화할게.

que surpresa! 웬일이야!   agora 지금
jornal 신문, 뉴스   prepara 준비하다
café da manhã 아침 식사   ler 읽다   escrever 쓰다
descansar 쉬다, 휴식을 취하다

★ 부정형용사 outro

outro가 명사 앞에 나와 부정형용사로 사용될 때에는 '다른'이라는 뜻을 가지며 수식하는 명사의 성과 수에 일치시킵니다.

Outra casa 다른 집
Outros livros 다른 책들

(14과 문법편 부정대명사와 부정형용사 참조하세요.)

01 현재분사와 진행형

1. 현재분사의 형태

현재분사는 불규칙 변화가 일어나지 않으며, 명사의 성과 수에 변화하지 않습니다.

현재분사는 동사의 어미에서 –r을 제거하고 –ndo를 덧붙입니다.

-ar → ando　　　예 trabalhar → trabalhando

-er → endo　　　예 beber → bebendo 마시다

-ir → indo　　　예 sair → saindo 나가다

2. 진행형

1) 현재진행형

현재진행형은 '~하고 있다, ~하고 있는 중이다'라는 뜻으로 진행 중인 동작을 나타냅니다.

Estar 동사의 직설법현재 + 현재분사 '~하고 있다, ~ 하고 있는 중이다'

예 Eu estou estudando. 나는 공부하고 있는 중이다.

　　Nós estamos estudando. 우리들은 공부하고 있는 중이다.

2) 과거진행형

과거진행형은 '~하고 있었다, ~하는 중이었다'라고 해석되며 과거의 어느 시점에 진행 중이었던 동작을 나타냅니다.

Estar 직설법 반과거 + 현재분사

Estar 동사의 직설법 반과거 '~을 하고 있었다'

Eu estava

Tu estavas

Ele, ela, você estava

Nós estávamos
Vós estáveis
Eles, elas, vocês estavam

Eu estava assistindo à tv. 나는 텔레비전을 보고 있는 중이었다.
Nós estávamos jantando. 우리는 저녁 식사를 하고 있는 중이었다.

3) 미래진행형
미래진행형은 미래의 어느 시점에 '~을 하고 있을 것이다, ~을 하고 있는 중일 것이다'라고 해석되며 형태는 다음과 같습니다.

Estar 직설법 미래 + 현재분사

Estar 동사의 직설법 미래 '~을 하고 있을 것이다, ~을 하고 있는 중일 것이다'

Eu estarei
Tu estarás
Ele, ela, você estará
Nós estaremos
Vós estareis
Eles, elas, vocês estarão

예 **Eu estarei viajando pela Europa no ano que vem.**
내년에는 유럽 여행을 하고 있을 것이다.

포르투갈어에서는 진행 중인 동작을 나타낼 때에는 'estar + 현재분사' 대신 'estar + a (전치사) + 동사원형'을 사용합니다.

예 **Cecília está a trabalhar.** (포르투갈) 쎄씰리아는 일하는 중이다.
Cecília está trabalhando. (브라질) 쎄씰리아는 일하는 중이다.

Estar 동사 대신 correr, trabalhar과 같은 동사와 현재분사가 사용되면 '~하면서 ~ 한
다'의 의미가 됩니다.

예 **Ela corre ouvindo música.** 그녀는 음악을 들으며 달린다.

Ele trabalha assistindo ao jornal. 그는 뉴스를 보면서 일을 한다.

Estar 동사 대신에 andar, ir, vir과 현재분사가 사용되면, '현재까지 ~하고 있다, 계속
해서 ~하고 있다, 점점 ~하고 있다'라는 의미를 갖게 됩니다.

예 **Ela anda procurando seu filho perdido.**
그녀는 잃어버린 아들을 찾아 다닌다.

A gente vai fazendo nossa história.
우리들의 역사는 우리가 만들어 갑니다.

Nossa empresa vem crescendo continuamente.
우리 회사는 지속적으로 성장하고 있다.

다음 대화를 듣고 따라하세요.

01

M　Alô?

F　Alô! O Estevam está?

M　Estevam? Aqui não tem ninguém com esse nome.

F　Desculpa. Foi engano.

02

F　Alô! Quem fala?

M　Alô! É o Estevam.

F　Com quem você gostaria de falar?

M　Com a Cecília. Ela está?

F　Não, ela não está no momento. Gostaria de deixar recado?

M　Não, obrigadao. Ligo mais tarde.

03

F　Alô! Quem fala?

M　Alô! É o Estevam, amigo de Cecília.

F　Oi, Estevam. Tudo bem?

M　Tudo ótimo. Sua irmã, a Cecília, está?

F　Não, ela não está no momento. Gostaria de deixar recado?

M　Sim, poderia pedir para ela me ligar mais tarde?

F　Tá bom.

04

M　Oi Cecília. Vamos ao cinema?

F　Desculpa, Estevam. Mas não posso. Estou fazendo lição de casa.

M　Que pena!

F　Por que você não chama o Denis ou o Paulo?

M　Já liguei para eles. Eles estão jogando futebol com amigos.

연습문제

01 다음 그림을 보고 주인공이 무엇을 하고 있는지 쓰세요.

1.

____

2.

____

3.

____

4.

____

02 현재 진행형으로 다음 빈칸을 알맞게 채우세요.

1. Agora, o médico não _______________ _______________ naquele hospital.

   현재, 그 의사는 저 병원에서 근무하지 않는다.

2. Agora, nós _______________ _______________ pizza.

   지금 우리들은 피자를 먹고 있는 중이다.

3. Ela _______________ _______________ agora.

   지금 그녀는 일하는 중이다.

4. Você ____________ ____________________ português agora.

지금 당신은 포어를 공부하고 있는 중이다.

5. Elas ____________ ______________ a carta para sua mãe.

그녀들은 그녀들의 엄마에게 편지를 쓰고 있는 중이다.

6. Nós ______________ ______________ suco de laranja.

우리들은 오렌지 주스를 마시고 있는 중이다.

03 듣기편의 4번 대화를 듣고 주인공이 하고 있는 것을 보기에서 고르세요.

1. O que a Cecília está fazendo?

( ) Ela está assistindo à televisão.

( ) Ela está dormindo.

( ) Ela está fazendo a lição de casa.

2. O que o Estevam está fazendo?

( ) Ele está falando ao telefone.

( ) Ele está tomando café da manhã.

( ) Ele está almoçando com sua mãe.

3. O que Denis e Paulo estão fazendo?

( ) Eles estão escrevendo uma carta.

( ) Eles estão jogando futebol.

( ) Eles estão caminhando pela praça.

médico 의사 suco de laranja 오렌지 주스
lição 숙제 caminhar 걷다, 산책하다 praça 광장

12

Meses e estações do ano

월과 계절

janeiro	1월
fevereiro	2월
março	3월
abril	4월
maio	5월
junho	6월
julho	7월
agosto	8월
setembro	9월
outubro	10월
novembro	11월
dezembro	12월

1

M Que dia é hoje?

F Hoje é dia 5 de novembro.

M Cecília, quando é o seu aniversário?

F Meu aniversário é no dia 15 de março. E o seu?

M O meu é no dia 28 de agosto.

F Em que ano você nasceu?

M Eu nasci em 1989. E você?

F Eu nasci em 1992.

hoje 오늘
quando 언제
aniversário 생일
em ~에 시간을 나타내는
　　전치사
nasceu 태어났다
　　(nascer 동사의 완전과거의
　　1인칭 단수)

M 오늘 며칠이야?
F 오늘은 11월 5일이야.
M 쩨씰리아, 네 생일은 언제니?
F 내 생일은 3월 15일이야. 너는?
M 내 생일은 8월 28일이야.
F 몇 년도에 태어났어?
M 나는 1989년 생이야. 너는?
F 나는 1992년 생이야.

기억하세요!

★ **Dias da semana** 요일

Domingo 일요일	**Segunda-feira** 월요일
Terça-feira 화요일	**Quarta-feira** 수요일
Quinta-feira 목요일	**Sexta-feira** 금요일
Sábado 토요일	

★ **Estações do ano** 계절

primavera 봄
verão 여름
outono 가을
inverno 겨울

2

F Estevam, que dia da semana é hoje?

M Hoje é sexta-feira.

F Já estamos na primavera?

M Acho que ainda estamos no inverno.

F Você já tem planos para as férias de verão?

M Acho que vou viajar pela Europa. E você?

F Não tenho férias de verão. Só tenho de inverno.

F 에스떼반, 오늘은 무슨 요일이야?
M 오늘은 금요일이야.
F 벌써 봄인가?
M 아직 겨울일 거야.
F 너는 벌써 여름 휴가 계획 세웠니?
M 나는 유럽으로 여행갈까 봐. 너는?
F 나는 여름 휴가는 없어. 겨울 휴가밖에 없어.

semana 주, 일주일
já 이미, 벌써
acho que 아마도 ~ 이다,
　~하다
ainda 아직
planos 계획
férias 휴가
vou+동사원형 ~ 갈 것이다
　(ir 동사의 직설법 현재
　1인칭 단수)
Europa 유럽
pela ~으로

기억하세요!

anteontem 그저께
hoje 오늘
depois de amanhã 모레

ontem 어제
amanhã 내일

3

F	Denis, que dia é hoje?
M	Hoje é quarta-feira, dia 5 de outubro.
F	Quando é seu aniversário?
M	Meu aniversário é 26 de abril. E o seu?
F	Meu aniversário é 17 de agosto.
M	E quando vão começar suas férias de inverno?
F	Acho que vão começar em janeiro. E as suas?
M	As minhas férias vão começar depois do dia 25 de dezembro.
F	E quando vamos ter um feriado?
M	Eu também preciso ver o calendário.

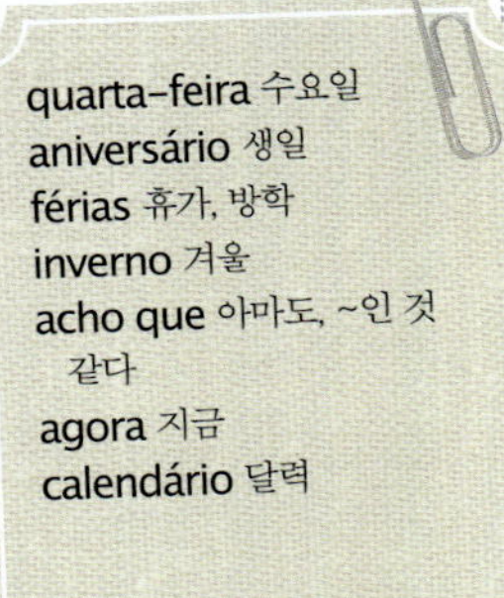

quarta-feira 수요일
aniversário 생일
férias 휴가, 방학
inverno 겨울
acho que 아마도, ~인 것 같다
agora 지금
calendário 달력

F	데니스, 오늘 며칠이야?
M	오늘은 10월 5일, 수요일이야.
F	네 생일은 언제니?
M	내 생일은 4월 26일이야. 네 생일은?
F	내 생일은 8월 17일이야.
M	겨울 휴가는 언제 시작되니?
F	아마도 1월에 시작될 것 같아. 너의 겨울 휴가는 언제 시작되니?
M	나는 12월 25일 지나서 시작될 것 같아.
F	그럼 앞으로 공휴일은 언제쯤 있지?
M	나도 달력 좀 봐야겠는걸.

기억하세요!

★ IR + 동사원형

[IR (IR 동사의 직설법 현재) + 동사원형]은 가까운 미래를 표현하기 위해 사용됩니다.

Eu vou + 동사원형 나는 ~ 할 것이다

Tu vais + 동사원형 너는 ~할 것이다

Ele/ela/você vai + 동사원형 그/그녀/당신은 ~ 할 것이다

Nós vamos + 동사원형 우리는 ~ 할 것이다

Vós ides + 동사원형 당신들은 ~ 할 것이다

Eles/elas/vocês vão + 동사원형 그들/그녀들/당신들은 ~ 할 것이다

4

M Cecília, quando é seu aniversário?

F Meu aniversário é 29 de setembro.

M Você sabe em que dia da semana cai neste ano?

F Acho que cai no sábado. E quando é seu aniversário?

M O meu é 17 de abril.

F Quando é o Dia dos Pais?

M O Dia dos Pais é no dia 8 de maio.

F E quando é o Dia das Crianças?

M O Dia das Crianças é no dia 5 de maio.

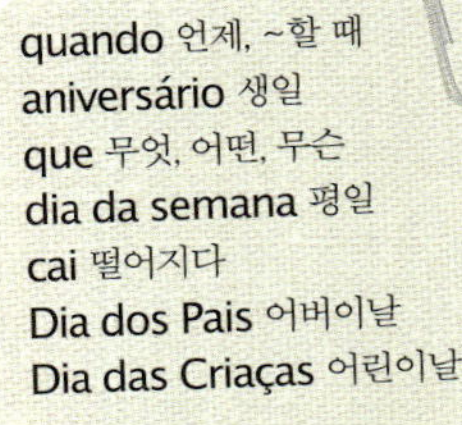

quando 언제, ~할 때
aniversário 생일
que 무엇, 어떤, 무슨
dia da semana 평일
cai 떨어지다
Dia dos Pais 어버이날
Dia das Criaças 어린이날

M 쎄씰리아, 네 생일은 언제니?
F 내 생일은 9월 29일이야.
M 올해는 무슨 요일이 될지 알고 있니?
F 아마도 토요일일 거야. 너의 생일은 언제야?
M 나의 생일은 4월 17일이야.
F 어버이날은 언제지?
M 어버이날은 5월 8일이야.
F 그러면 어린이날은 언제인데?
M 어린이날은 5월 5일이야.

★ Dia dos Pais 또는 Dia das Crianças와 같은 공휴일 등은 고유명사이기 때문에 반드시 대문자로 표기합니다.

Dia das Crianças 어린이날
Dia dos Pais 어버이날
Natal 크리스마스

Rogério	Que dia é hoje?
Ji-yeon	Hoje é dia 10 de junho.
Rogério	Ji-yeon, quando é seu aniversário?
Ji-yeon	Meu aniversário é 16 de novembro. E o seu?
Rogério	O meu é 4 de maio.
Ji-yeon	Qual é o maior feriado do Brasil?
Rogério	Acho que é o Natal e o Carnaval. E da Coréia?
Ji-yeon	Na Coréia, acho que é o Chuseok.
Rogério	Quando você volta para a Coréia?
Ji-yeon	Eu volto no dia 20 de julho.

호제리오	오늘 며칠이지?
지연	오늘 6월 10일이야.
호제리오	지연아, 너의 생일은 언제니?
지연	내 생일은 11월 16일이야. 너의 생일은?
호제리오	나의 생일은 5월 4일이야.
지연	브라질에서 가장 큰 공휴일은 언제니?
호제리오	아마도 크리스마스와 카니발일 거야. 한국은?
지연	한국은 아마도 추석일 거야.
호제리오	너는 한국으로 언제 돌아가니?
지연	7월 20일에 갈 거야.

quando 언제   maior 가장 큰
feriado 공휴일   Carnaval 카니발
volta 돌아가다 (voltar 동사의 직설법 현재의 1인칭 단수)

기억하세요!

★ **O maior (de)~** '~에서 가장 큰'

우등비교(최상급)를 하기 위해서는 어디에서 혹은 무엇 중에서 가장 큰지 비교 대상이 있어야 하므로 반드시 뒤에 전치사 'de'(~에서)를 수반합니다.

A minha casa é a maior desta cidade. 우리 집은 이 도시에서 가장 크다.

(15과 문법편 형용사와 부사의 최상급 참조)

문법

01 의문사

의문사는 '누가, 무엇을, 언제, 어디서, 왜, 어떻게' 등을 물어볼 때 사용하는 말입니다.
의문사가 있는 의문문에서는 sim/não '예/아니요'로 대답하지 않습니다.

> **por que?** 왜?
>
> **quem?** 누가?
>
> **quando?** 언제?
>
> **onde?** 어디에? / 어디서?
>
> **que?** 무엇?
>
> **qual?** 어느 것?
>
> **quanto?** 얼마나?
>
> **como?** 어떻게?

1. 의문사의 용법

(1) por que? '왜?' (강음 부호 '^'가 없고 띄어 쓰는 por que)

이유를 물을 때 사용되는 의문사 por que는 문두나 문장 중간에 올 수 있습니다.

> 예 **Por que** não veio falar comigo?
>
> 왜 나에게 말하러 오지 않았어?
>
> Eu gostaria de saber **por que** o contrato não foi aprovado.
>
> 왜 그 계약서가 승인되지 않았는지 알고 싶어.

(2) porque '~때문에, ~해서, ~왜냐하면' (강음 부호 '^'가 없고 붙여 쓰는 porque)

이유, 목적, 결과를 나타내는 부사절 접속사로서 por que에 대답할 때 사용되거나 두개의
절을 연결해 주는 역할을 합니다.

> 예 Cheguei atrasada no trabalho **porque** perdi o ônibus.
>
> 버스를 놓쳤기 때문에 회사에 늦게 도착했다.
>
> Eu vou ao supermercado **porque** fiquei sem arroz.
>
> 쌀이 떨어져서 마트에 가야 돼.

Por que você está em casa hoje? 왜 오늘 집에 있어?

Porque não me sinto bem hoje. 왜냐하면 오늘 난 컨디션이 좋지 않아.

Por que você não vai ao cinema? 왜 극장에 안 가니?

Porque tenho um outro compromisso. 다른 약속이 있어.

Por que ela foi embora? 그녀는 왜 갔어?

Porque ela está atrasada. 늦어서 갔어.

※ **por quê** (강음 부호 '^'가 있고 띄어 쓰는 Por quê)

문장 끝(마침표 또는 물음표 바로 앞)에는 Por quê를 씁니다.

> 예 Estudei bastante ontem. Sabe por quê?
>
> 어제 공부 많이 했어. 왜 그랬는지 아니?
>
> O funcionário foi embora e nem disse por quê.
>
> 그 직원은 이유도 말하지 않은 채 떠났다.

※ **porquê** (강음 부호 '^'가 있고 붙여 쓰는 Porquê)

이유, 목적, 결과 등을 나타내는 남성 명사로서 대다수의 경우 정관사 'o'를 수반합니다.
o porquê 또한 부정관사, 수사, 지시 대명사 또는 소유격과 함께 쓰일 수도 있습니다.

> 예 Gostaria de saber **o porquê** você mudou de opinião.
>
> 당신이 왜 생각을 바꿨는지 알고 싶어요.
>
> Dê-me **um porquê** para eu não me ir embora amanhã.
>
> 내일 내가 떠나지 않아야 될 이유를 주세요.
>
> Existem **três porquês** que juntificam seu comportamento.
>
> 그의 행동에 타당함을 보여주는 세 가지 이유가 존재한다.

(2) quem? '누가?'

1) 의문사 quem(누가)은 성과 수의 변화가 일어나지 않으며 사람에 대해서만 사용됩니다.

> 예 Quem é aquela moça? 저 아가씨는 누구야?
>
> Quem comeu meu pão? 누가 내 빵을 먹었어?

2) de + quem '누구의, 누구의 것'

의문사 quem(누구) 앞에 전치사 de(~의)가 나오면 소유격이 됩니다.

예 **De quem é este livro?** 이 책은 누구의 것입니까?

De quem são estas bolsas? 이 가방들은 누구의 것입니까?

3) com + quem '누구와, 누구와 함께'

의문사 quem(누구) 앞에 전치사 com(~와)이 나오면 '누구와, 누구와 함께'라는 뜻이 됩니다.

예 **Com quem você vai à escola?** 너는 누구와 학교에 가니?

Com quem você trabalha? 당신은 누구와 일합니까?

(3) quando? '언제?'

의문사 quando(언제)는 시간 혹은 시점을 물을 때 사용됩니다.

예 **Quando ela vai voltar para Seul?** 그녀는 언제 서울로 돌아가니?
Ela vai voltar no domingo. 그녀는 일요일에 돌아갈 거야.

Quando nós vamos ao shopping center? 우리 백화점에 언제 가?
Vamos no sábado. 토요일에 가자.

(4) onde? '어디?'

1) 의문사 onde(어디)는 장소를 물을 때 사용됩니다.

예 **Onde você está agora?** 너 지금 어디 있니?
Eu estou em casa. 나는 지금 집에 있어.

2) de + onde? '어디에? 어느 곳에?'

의문사 onde 앞에 소유를 나타내는 전치사 de가 함께 오면 '어디에, 어느 곳에서' 등의 의미를 나타내며 출신지 등을 물어볼 때 사용됩니다.

예 **De onde eles são?** 그들은 어디 출신입니까?
Eles são de Seul, Coreia. 그들은 한국, 서울 출신입니다.

(5) o que? '무엇?'

의문사 que (무엇)는 성과 수의 변화가 없으며 사물에 대해서 사용됩니다.

> 예 **O que é isto?** 이것은 무엇입니까?
>
> **O que é aquilo?** 저것은 무엇입니까?
>
> **O que você quer?** 당신은 무엇을 원합니까?

(6) qual? '어느 것, 어느 사람' / quais? '어느 것들, 어느 사람들(복수)'

의문사 qual(어느 것)는 정해진 대상 중에서 선택을 물을 때 쓰입니다.

> 예 **De qual você gosta mais?** 당신은 어느 것이 더 마음에 들어요?
>
> **Quais são os sintomas de cancêr?** 암 증상에는 어떤 것들이 있습니까?

(7) quanto? '얼마나, 얼마만큼, 어느 정도, 몇 개, 몇 사람'

quanto는 의문대명사와 의문형용사로 사용되며, 의문형용사로 쓰일 경우 수식하는 명사에 따라 성수의 변화가 일어납니다.

> 예 **Quanto custa?** 얼마입니까? (대명사)
>
> **Quanto você tem?** 너 얼마 있어? (대명사)
>
> **Quantos livros temos que comprar?**
> 우리들은 몇 권의 책을 사야 합니까? (형용사)
>
> **Quantos minutos você vai demorar para chegar?**
> 도착하려면 몇 분이나 더 걸립니까? (형용사)
>
> **Quantos anos você tem?** 당신은 몇 살입니까? (형용사)

(8) como? '어떻게'

의문사 como는 상대방에게 '수단, 방법' 등을 물을 때 사용되며 성과 수의 변화가 일어나지 않습니다.

> 예 **Como você chegou aqui?** 너 여기 어떻게 왔니?
>
> **Como você foi na prova?** 시험은 어떻게 봤어?
>
> **Como se chama?** 이름이 어떻게 되나요?

다음 대화를 듣고 따라 하세요.

01

M　Que dia é hoje?

F　Hoje é terça-feira, dia 5 de outubro.

M　Estamos na primavera?

F　Não, estamos no verão.

M　Quando é o Dia das Crianças?

F　O Dia das Crianças é no dia 5 de maio.

M　E quando é o Natal?

F　O Natal é no dia 25 de dezembro.

M　Quando é seu aniversário?

F　Meu aniversário é no dia 5 de abril.

02

M　Cecília, quando é seu aniversário?

F　Meu aniversário é 27 de setembro. E o seu?

M　Em que ano você nasceu?

F　Eu nasci em 1988. E quando é seu aniversário, Denis?

M　O meu é 14 de janeiro.

F　O que você vai fazer no seu aniversário deste ano?

M　Acho que não vou fazer nada. E você?

F　Quero fazer uma pequena festa e convidar somente meus amigos íntimos.

M　Que legal!

Dias da semana 요일　domingo 일요일　segunda-feira 월요일
terça-feira 화요일　quarta-feira 수요일　quinta-feira 목요일
sexta-feira 금요일　sábado 토요일　querer 수요일
pequena 작은　convidar 초대하다 somente 오직
pretender 의도하다, (~하려고) 생각하다

연습문제

01 다음 질문에 답하세요.

1. Quando é seu aniversário? _______________________________.

2. Em que ano você nasceu? _______________________________.

02 의문사를 사용해서 다음 대답들의 대한 질문을 만들어 보세요.

1. _______________é ele?   - Ele é Denis, meu amigo.

2. _______________ ele mora?   - Ele mora em São Paulo.

3. _______________ ele está aqui em Seul?   -Porque ele está de férias.

03 학습한 8가지 의문사를 사용해서 질문을 만들어 보세요.

O que; quem; qual; como; por que; onde; quando; quanto

04 듣기편의 2번 대화를 듣고 다음 질문들에 답하세요.

1. Quando é o aniversário de Cecília e em que ano ela nasceu?

____.

2. Quando é o aniversário de Denis?

____.

3. O que a Cecília pretende fazer em seu aniversário?

____.

05 다음 보기와 같이 써 보세요.

> Que dia é hoje?   〈보기〉 Hoje, é quinta-feira, dia 4 de abril.

1. Que dia é hoje? (1월 16일 수요일)

____.

2. Que dia é hoje? (5월 27일 토요일)

____.

3. Que dia é hoje? (11월 16일 일요일)

____.

13

No restaurante

레스토랑에서

bife	스테이크
camarão	새우
caranguejo	게
carne bovina	소고기
cerveja	맥주
frango	닭고기
lagosta	가재
peixe	생선
salmão	연어
suco	주스

기본회화

1

M   Boa tarde. O que deseja pedir?

F   Um copo de suco de laranja, por favor.

M   Deseja com ou sem açúcar?

F   Sem açúcar, por favor.

M   Sim, um momento.

(depois de beber)

F   Garçom, você poderia me trazer a conta?

M   Aqui está.

F   Obrigada.

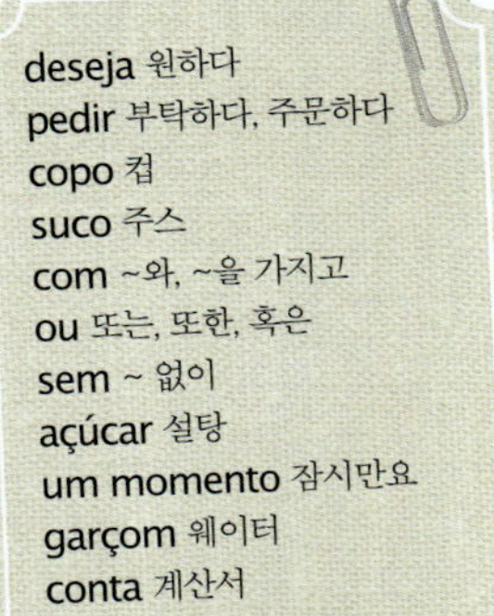

deseja 원하다
pedir 부탁하다, 주문하다
copo 컵
suco 주스
com ~와, ~을 가지고
ou 또는, 또한, 혹은
sem ~ 없이
açúcar 설탕
um momento 잠시만요
garçom 웨이터
conta 계산서

M   안녕하세요. 주문하시겠습니까?
F   오렌지 주스 한 잔 주세요.
M   설탕 넣어 드릴까요 아니면 넣지 말까요?
F   설탕 없이 주세요.
M   네, 잠시만요.
    (다 마신 후)
F   저기요, 계산서 가져다 주시겠어요?
M   네. 여기에 있습니다.
F   감사합니다.

★ Por favor

남에게 정중하게 무엇을 부탁하거나 요청할 때 덧붙이는 말입니다.
Por favor, sente-se. 앉으세요.
Por favor, faça silêncio. 조용히 해 주세요.

2

F   Boa noite. O que deseja pedir?

M   Um bife, por favor.

F   O senhor deseja bife bem passado?

M   Não. Ao ponto por favor.

F   E deseja pedir alguma bebida?

M   Um copo de suco de laranja.

F   Um momento.

(após a refeição)

M   A conta, por favor.

F   Aqui está.

M   Obrigado.

---

bife 스테이크
bem passado 잘 익힌
ao ponto 적당히 익힌
alguma 약간의, 몇몇의, 조금의
bebida 음료, 마실 것
após ~후에
refeição 식사

F   안녕하세요. 주문하시겠습니까?

M   스테이크 주세요.

F   잘 익혀 드릴까요?

M   아니요. 적당히 익혀 주세요.

F   음료수 주문하시겠습니까?

M   오렌지 주스 한 잔 주세요.

F   예. 잠시만 기다려 주세요.
(식사 후)

M   계산서 가져다 주세요.

F   여기 있습니다.

M   감사합니다.

기억하세요!

★ 고기 익힘 정도

malpassado → ao ponto → bem passado
덜 익힌   적당히 익힌   잘 익힌

★ [desejar + 동사원형] '～하기 원하다, 소망하다'

Eu desejo viajar à Europa. 나는 유럽으로 여행가길 원한다.

3

F   Boa noite.

M   Você poderia nos indicar uma mesa?

F   Mesa para fumantes ou não-fumantes?

M   Não-fumantes, por favor.

F   Venha comigo, por favor. Podem se sentar aqui.

M   Obrigado.

F   Desejam fazer o pedido agora?

M   Sim, um prato de salmão assado para mim e para minha esposa uma lagosta.

F   Gostaria de beber algo?

M   2 copos de suco de laranja, por favor.

---

indicar 나타내다, 보여주다, 가리키다
mesa 식탁
para ~위해, ~으로
fumantes 흡연자
não-fumantes 비흡연자
venha 오다 (vir 동사의 접속법 현재의 1인칭 단수)
comigo 나와 함께
sentar 앉다
agora 지금
assado 구운

F   안녕하세요.
M   자리 안내해 주시겠어요?
F   흡연석이랑 비흡연석 중에 어느 자리로 안내해 드릴까요?
M   비흡연석으로 해 주세요.
F   저와 함께 오세요. 이쪽에 앉으셔도 됩니다.
M   감사합니다.
F   지금 주문하시겠습니까?
M   네, 저에게는 연어구이 주시고요 저희 아내에게는 가재요리 주세요.
F   음료 드시겠습니까?
M   오렌지 주스 두 잔 주세요.

기억하세요!

★ suco de laranja '오렌지 주스'
주스는 불가산(셀 수 없는) 명사이기 때문에 앞에 단위나 용기 등을 나타내는 어구를 사용하여 수량을 표현합니다.

1 copo de suco de laranja 오렌지 주스 한 잔
2 copos de suco de laranja 오렌지 주스 두 잔

4

M   O que você vai comer?

F   Vou comer um bife bem assado e um prato de espaguete. E você?

M   Eu quero salmão.

F   E você não vai beber nada?

M   Vou beber um copo de cerveja. E você? O que você quer beber?

F   Eu vou beber só água mineral.

M   Vamos fazer nosso pedido.

prato 접시, 요리
espaguete 스파게티
quero 원하다
  (querer 동사의 직설법
  1인칭 단수)
nada 아무것도
  (아니다, 없다)
cerveja 맥주
água mineral 미네랄 워터
pedido 주문

M   너 뭐 먹을 거야?
F   나는 잘 익힌 스테이크와 스파게티 먹을래. 너는?
M   나는 연어 먹을래.
F   너 아무것도 안 마실 거니?
M   맥주 한 잔 마실래. 너는 뭐 마실 거야?
F   나는 미네랄 워터만 마실래.
M   주문하자.

기억하세요!

★ querer '원하다' 동사의 인칭별 변화

eu quero
tu queres
ele/ela/você quer
nós queremos
vós quereis
eles/elas/vocês querem

★ [Vamos + 동사원형] '∼하자'

Vamos jogar video game. 비디오 게임하자.
Vamos ao cinema. 극장 가자.

Ji-yeon	Este parece um bom restaurante.
Rogério	É, é sim. Eu sempre venho aqui.
Ji-yeon	Vamos nos sentar ali.
Rogério	Tá bom.
Ji-yeon	Você pode me passar o cardápio por favor?
Rogério	Claro. O que você vai beber?
Ji-yeon	Eu vou beber um copo de cerveja e você?
Rogério	Eu vou beber uma taça de vinho.
Ji-yeon	Você quer pedir um aperitivo primeiro?
Rogério	Não, vamos pedir somente um pouco de pão.
Ji-yeon	Tá bom. O que você vai pedir?
Rogério	Eu não estou com fome. Eu vou pedir somente uma salada. E você?
Ji-yeon	Não tenho certeza. Ainda não decidi. Você pode me recomendar alguma coisa?
Rogério	Claro. Eu já comi o bife e a lagosta antes. Ambos são muito bons.
Ji-yeon	Eu vou pedir a lagosta.
Rogério	Eu vou ao banheiro. Quando a garçonete voltar você faz o pedido pra mim.
Ji-yeon	Claro.

지연	여기 좋은 레스토랑 같아.
호제리오	응, 좋아. 나는 항상 여기 오거든.
지연	저기 앉자.
호제리오	그래.
지연	메뉴판 좀 줄 수 있어?
호제리오	여기. 너는 뭐 마실 거야?
지연	나는 맥주 한 잔 마실래. 너는?
호제리오	나는 와인 한 잔 마실래.
지연	에피타이저 먼저 주문할까?
호제리오	아니야, 그냥 빵 조금만 주문하자.
지연	그래. 넌 뭐 시킬 거야?
호제리오	배가 안고파서 샐러드 하나만 시킬래. 너는?
지연	나는 잘 모르겠어. 추천해 줄래?
호제리오	당연하지. 여기서 가재 요리도 먹었고 스테이크도 먹어 봤어. 둘 다 정말 맛있어.
지연	그럼 나는 가재 요리 먹을래.
호제리오	화장실 다녀올게. 종업원이 오면 내 것도 주문해 줘.
지연	알았어.

ali 저기 passar 지나가다, 건네주다 cardápio 메뉴판
taça de vinho 와인 잔 aperitivo 에피타이저
primeiro 첫 번째, 가장 먼저 somente 오직, ~만
pão 빵 certeza 확신 recomendar 추천하다
banheiro 화장실 ambos 양쪽의, 쌍방의

★ 브라질에서는 일반적으로 상대방이 초대하지 않은 이상 계산은 각자 하는 것이 기본입니다.

브라질 화폐: Real 레알　　　10 centavos 10 센트　　　1 real 1레알

문법

01 부정대명사와 부정형용사

부정대명사와 부정형용사는 범위가 정해지지 않은 막연한 사람이나 사물을 가리키기 위해 사용됩니다.

algo, tudo, nada, alguém, ninguém, outrem은 부정대명사로만 쓰이며 나머지는 부정대명사적과 형용사적으로 사용될 수 있습니다.

variáveis 가변성			invariáveis 불변성	
남성 (단수, 복수)	여성 (단수, 복수)			
algum, alguns	alguma, algumas	어떤	algo	어떤 것
nenhum, nenhuns	nenhuma, nenhumas	아무런	tudo	모두, 모든 것
todo, todos	toda, todas	모두, 모든	nada	아무것도 (아니다, 없다)
outro, outros	outra, outras	다른	alguém	어떤 이
muito, muitos	muita, muitas	많은	ninguém	아무도
pouco, poucos	pouca, poucas	적은	outrem	다른 것
certo, certos	certa, certas	어떤	cada	각자의, 각각의
vário, vários	vária, várias	여러		
quanto, quantos	quanta, quantas	얼마의		
tanto, tantos	tanta, tantas	많이		
qualquer, quaisquer	qualquer, quaisquer	어떤, 아무런		

1. algum '몇몇, 조금, 어떤, 약간의, 몇몇의'

부정형용사로 쓰일 경우 일반적으로 앞에서 명사를 수식하며, 수식하는 명사의 성과 수에 일치시킵니다.

부정대명사로 쓰일 때에는 대신하는 명사의 성과 수에 일치시킵니다.

	단수	복수
남성	algum	alguns
여성	alguma	algumas

예 Eu emprestei alguns livros a ele. 나는 그에게 몇 권의 책을 빌려줬다.

Você tem algum dinheiro? 돈 좀 있니?

Você tem algum amigo aqui? 너 여기 (몇몇, 어떤) 친구 있어?

Quebrei alguns pratos. 나는 접시 몇 개를 깨뜨렸다.

Algum dia vou ao Brasil. 언젠가 브라질에 갈 것이다.

–Você tem muitos amigos? –너 친구 많니?

–Tenho alguns. –몇 명 있어.

2. nenhum '아무[하나]도 (~않다, 없다)'

nenhum은 algum의 반의어로서 부정형용사로도 쓰이며 일반적으로 명사 앞에 위치합니다.

nenhum의 여성형은 nunhuma입니다.

예 –Você tem algum amigo aqui? –Não, nenhum.
–여기 친구 있어? –아니, 없어.

Não quebrei nenhum copo. 나는 단 한 개의 컵도 깨트리지 않았다.

Ele não teve nenhum problema. 그는 아무 문제도 없었다.

–Você tem alguma sugestão? –Não, nenhuma.
–다른 의견이 있나요? –아니요, 없습니다.

3. alguém '어떤 사람, 누군가'

부정대명사로 쓰이며 사람을 대신할 때만 사용됩니다.

예 Por favor, alguém pode me ajudar? 누가 저 좀 도와 주시겠어요?

Alguém telefonou para você. 누가 너에게 전화했어.

Você conhece alguém do banco? 은행에 아는 사람 있어?

Preciso encontrar alguém. 나는 누군가를 만나야 해.

4. ninguém '아무도, 아무도 ~없다, ~않다, 누구'

ninguém은 alguém의 반의어로서 부정대명사로만 쓰이며 사람을 대신할 때에만 사용됩니다.

예 Ninguém viu o que aconteceu. 무슨 일이 일어났는지 아무도 보지 못했다.

Ninguém apareceu. 아무도 나타나지 않았다

–Alguém me telefonou? –Não, ninguém.

–누가 나에게 전화했어? –아니, 아무도 안 했어.

Ninguém pode me ajudar. 아무도 나를 도울 수 없어.

5. nada '아무것도, 아무것도 ～없다, ～않다'

Nada는 부정대명사로만 사용되며 '아무것도, 아무것도 ~없다, ~않다' 라는 뜻으로 사람을 대신할 수 없습니다.

> 예 **–O que você disse? –Nada.** –뭐라고 했어? –아무 말도 안 했어.
> **Ele não fez nada para me ajudar.** 그는 나를 돕기 위해 아무것도 하지 않았다.
> **Ela não tem nada.** 그녀는 아무것도 없다.
> **Ela não comeu nada.** 그녀는 아무것도 먹지 않았다.
> **Nada vai me fazer mudar de idéia.** 그 어떠한 것도 내 생각을 바꿀 수 없어.

6. cada '각각(의), 각자 (단수 취급)'

cada는 부정형용사로 사용되며 항상 단수 명사를 수반합니다.

＊cada + 단수 명사

> 예 **Cada aluno recebeu um livro.** 각각의 학생은 한 권의 책을 받았다.
> **Dei presente para cada criança.** 각각의 아이에게 선물을 줬다.

＊cada + 기수 + 복수 명사 '～마다'

> 예 **Em cada 2 anos vou ao Brasil.** 2년마다 나는 브라질에 간다.

7. outro '다른, 다른 사람, 다른 것'

(1) 부정형용사로 쓰일 경우 '다른 ～의'로 해석되며 명사 앞에 나와 수식하는 명사의 성과 수에 일치합니다.

	단수	복수
남성	outro	outros
여성	outra	outras

> 예 **Voltarei outro dia.** 다른 날 다시 오겠습니다.
> **Isto é muito fácil. Outra pessoa também pode fazê-lo.**
> 이것은 너무 쉬워. 다른 사람도 할 수 있어.

(2) 부정대명사로 사용될 때에는 대신하는 명사의 성과 수에 일치하며 관사가 붙지 않습니다.

Este livro não serve. Você tem outro? 이 책은 쓸모가 없어. 너 다른 책 있니?

Não gostei desta saia. Quero ver outra.
이 치마는 마음에 안 들어. 다른 치마 볼래.

8. algo '어떤 것, 약간'

algo는 부정대명사로서만 사용되며 사람에게는 사용되지 않습니다.

예 Você tem algo para comer? 먹을 것 좀 있어?

Algo me incomoda. 무엇인가 나를 불편하게 한다.

9. qualquer, quaisquer '어떤 것이든, 언젠가, 무엇이든, 누구이든'

예 –O que você quer comer? –Qualquer coisa.
–뭐 먹고 싶어? –아무거나.

Qualquer um gostaria de morar numa casa desta.
누구든지 이런 집에서 살고 싶을 거야.

10. vário(s), vária(s) '여러 가지의, 다양한, 여러'

예 Ele tem vários herdeiros. 그는 여러 상속자가 있다.

Fiz vários negócios com ele. 그와 여러 가지의 사업을 했다.

다음 대화를 듣고 따라 하세요.

01
F Denis, este parece um bom restaurante.

M É sim. Eu sempre venho aqui.

F Vamos nos sentar na mesa para não-fumantes.

M Tá bom.

F O que você vai pedir?

M Vou pedir salmão. E você?

F Eu vou pedir frango.

M Cecília, o que você vai beber?

F Vou beber suco de laranja. E você?

M Também vou beber suco de laranja.

02
F O que você vai pedir?

M Vou pedir pizza.

F O que você vai beber?

M Vou beber um copo de leite.

F O que você vai pedir?

M Vou pedir um copo de suco de laranja.

M O que você vai pedir?

F Vou pedir um bife ao ponto.

M O que você vai comer?

F Vou comer salada de tomate.

M O que você vai comer?

F Vou comer frango assado.

parece ~처럼 보이다　bom 좋은　restaurante 레스토랑
sempre 항상　frango 닭고기　também ~도, ~또한
tomate 토마토　assado 구운　vir 오다　leite 우유
salada 샐러드

연습문제

01 **다음 대화를 자연스럽게 완성하세요.**

F Boa noite. 안녕하세요.

M Você ___________nos ___________uma mesa?
자리 안내해 주시겠어요?

F Mesa para _______________ou _________________________?
흡연석이랑 비흡연석 중에 어느 자리로 안내해 드릴까요?

M Não-fumantes, __________________.
금연석으로 주세요.

F __________ ______________, por favor. Podem se sentar aqui.
저와 함께 오세요. 이쪽에 앉으셔도 됩니다.

M _______________. 고맙습니다.

F ____________ _________ ____ _________ __________?
지금 주문하시겠습니까?

M Sim, um bife ____ ________ para mim e para minha esposa uma
______________.
네, 저에게는 적당히 익힌 스테이크 그리고 저희 아내에게는 가재요리로 주세요.

F __________ _________ _______ __________?
음료 주문하시겠습니까?

M _________ _________ _____ _________, ____________.
맥주 두 잔 주세요.

F ____ _______________.
잠시만 기다려 주십시오.

02 다음 빈칸을 부정대명사/부정형용사 algum, alguém, nenhum, ninguém, nada의 알맞은 형태로 채우세요.

1. Você tem _____________ dinheiro?

2. -Alguém veio me procurar? -Não, _________________.

3. Até agora _____________ se queixou.

4. Telefonei para lá, mas ________________ atendeu.

5. Ele não fez ____________ para me ajudar.

03 다음 빈칸에 부정대명사/부정형용사 cada, vário, outro, qualquer을 사용해서 알맞은 형태로 채우세요.

1. Ele deixou ______________ herdeiros. 그는 여러 상속인을 남겨 두었다.

2. ____________ uma destas salas tem duas janelas.
   각각의 교실에는 2개의 창문이 있다.

3. Volte _____________ dia. 다른 날 다시 오세요.

4. __________ aluno recebeu um livro. 각각의 학생은 1권의 책을 받았다.

5. ________________ dia ele voltará. 그는 언젠가 돌아올 거야.

6. Não gostei desta blusa. Quero ver ____________.
   이 블라우스 마음에 안 들어. 다른 거 볼래.

7. -O que você quer beber? -_________________ coisa.
   -뭐 마실래? -아무거나.

04 대화편의 1번 대화를 듣고 다음 질문들에 답하세요.

1. O que a Cecília vai pedir ao garçom?

   ____.

2. O que o Denis vai pedir ao garçom?

   ____.

14

Saúde

건강

bochecha	볼
braço	팔
cabeça	머리
cintura	허리
costas	등
cotovelo	팔꿈치
estômago	위, 복부, 배
joelho	무릎
lábios	입술
mão	손
nariz	코
ombro	어깨
orelha	귀
pé	발
perna	다리
pescoço	목
queixo	턱
rosto	얼굴
testa	이마
umbigo	배꼽

1

M O que você tem?

F Estou com dor de cabeça.

M Você já foi ao hospital?

F Ainda não. Mas já tomei remédio.

M Você quer beber um chá quente?

F Não, obrigada. Acho melhor dormir um pouco.

M 무슨 일이야?
F 머리가 아파.
M 병원에 다녀왔어?
F 아직 안 갔어. 하지만 약은 먹었어.
M 따뜻한 차 한잔 마실래?
F 아니야, 고마워. 조금 자는 게 좋을 거 같아.

dor 아픔, 통증, 고통
remédio 약
chá 차
quente 따뜻한, 뜨거운, 더운
melhor 더 좋은, 더 나은
dormir 자다

기억하세요!

★ 일부 증상

기본적으로 신체부위의 아픔, 고통 등의 증상을 표현하기 위해서는 다음과 같이 말합니다.

신체부위가 단수일 때:

Estar com dor de + 신체부위 '∼가 아프다'

Estar com dor de cabeça 머리가 아프다

Estar com dor de garganta 목(구멍)이 아프다

Estar com dor de estômago 배, 복부가 아프다

Estar com dor de barriga 배가 아프다

신체부위가 복수일 때:

Estar com dor no/na/nos/nas + 신체부위 '∼가 아프다'

Estar com dor nas pernas 다리가 아프다   Estar com dor nos olhos 눈이 아프다

Estar com dor nos pés 발이 아프다   Estar com dor nas costas 등이 아프다

예외: Dor no peito 가슴이 아프다   Dor no pescoço 목이 아프다

2

F O que você tem?

M Estou com dor de dente.

F Você já foi ao dentista?

M Ainda não. Só tomei um analgésico.

F Acho bom você ir ao hospital. Ultimamente, você sempre está sofrendo por causa de dor de dente.

M Acho que estou com cárie no molar esquerdo.

F 무슨 일이야?
M 치통이 있어.
F 치과 다녀왔어?
M 아직 안 다녀왔어. 진통제만 먹었어.
F 병원 다녀오는 게 좋을 것 같아. 최근 들어서 항상 치통 때문에 고생하잖아.
M 왼쪽 어금니에 충치가 있는 것 같아.

dentista 치과, 치과의사
só 오직, ~만
analgésico 진통제
ultimamente 최근에
sempre 항상
sofrendo 고통 받고 있는
por causa de ~때문에
dente 치아, 이빨
cárie 충치
molar 어금니
esquerdo 왼쪽

기억하세요!

★ 병원 종류

비뇨기과 urologista
산부인과 ginecologista
소아과 pediatra
정형외과 ortopedista
치과 dentista

3

M Bom dia, senhora.

F Bom dia, doutor.

M O que a senhora tem?

F Estou com dor de estômago.

M A senhora está com febre?

F Acho que não.

M O que a senhora comeu ontem?

F Comi sashimi.

(após o exame)

M Vou lhe dar uma receita para um medicamento. Tome 3 vezes por dia.

F Obrigada, doutor.

M E beba bastante água.

---

doutor (의사) 선생님
febre 열
após ~이후
exame 검사
receita 처방전
receitar 처방하다, 지시하다
medicamento 약효가 있는
bastante 많이
água 물

M 안녕하세요, 부인.
F 선생님, 안녕하세요.
M 어디가 편찮으시죠?
F 배가 아픕니다.
M 열이 있으신가요?
F 없는 것 같습니다.
M 어제 무엇을 드셨죠?
F 회를 먹었습니다.
(검사 후)
M 약 처방전을 드리겠습니다. 하루에 3번 드세요.
F 감사합니다, 선생님.
M 그리고 물을 많이 드세요.

기억하세요!

★ 빈도부사

nunca → raramente → às vezes → com frequência → sempre
절대/결코 ~않다　거의 ~않는　가끔　자주　항상

4

F Oi, Estevam. O que você tem?

M Estou com dor nas costas.

F Você já foi ao hospital?

M Fui ontem e tirei o raio-x mas não saiu nada.

F Então o que você vai fazer?

M Na segunda-feira, vou fazer acupuntura. Conheço um ótimo acupunturista.

F Mas não dói? Por que você não faz fisioterapia?

M Dói um pouco mas depois de fazer a acupuntura sinto meu corpo mais leve.

F 안녕, 에스떼반. 무슨 일이야?
M 등이 아파서.
F 병원에 가 봤어?
M 어제 가서 엑스레이 찍었는데 아무것도 안 나왔어.
F 그럼 어떻게 할 거야?
M 월요일에 침술 맞으러 갈 거야. 아주 훌륭한 침술사를 알거든.
F 하지만 안 아파? 왜 물리치료 받지 않고?
M 조금 아프지만 침술을 받고 나면 몸이 더 가벼워지는 느낌이 들어.

costas 등
tirei 벗다, 찍다
   (tirar 동사의 직설법완전
   과거의 1인칭 단수)
raio-x 엑스레이
saiu 나가다
acupuntura 침술
acupunturista 침술사
fisioterapia 물리치료
dói 아프다 (doer 동사의
   1인칭 단수 (현재))
ótimo 아주 좋은, 훌륭한
depois ~후에
leve 가벼운

★ Conhecer '알다', '알고 있다' 동사의 직설법 현재의 인칭별 변화

Eu conheço

Tu conheces

Ele/ela/você conhece

Nós conhecemos

Vós conheceis

Eles/elas/vocês conhecem

Ji-yeon	Oi, Rogério. Vamos comer hambúrguer?
Rogério	Não posso.
Ji-yeon	O que você tem?
Rogério	Estou com dor de barriga.
Ji-yeon	De novo? Você já foi ao hospital?
Rogério	Não, como você sabe quase sempre estou com dor de barriga.
Ji-yeon	Tomou algum remédio?
Rogério	Sim, tomei um remédio para a digestão.
Ji-yeon	Espero que melhore logo.
Rogério	Obrigado.

지연	안녕, 호제리오. 햄버거 먹으러 갈래?
호제리오	난 못 가.
지연	왜 그래?
호제리오	배가 너무 아파.
지연	또? 병원 다녀왔어?
호제리오	아니, 너도 알다시피 나는 배가 자주 아프잖아.
지연	약은 먹었어?
호제리오	응, 소화제 먹었어.
지연	곧 나아지길 바란다.
호제리오	고마워.

hambúrguer 햄버거
posso 할 수 있다 (poder 동사의 직설법 현재의 1인칭 단수)
barriga 배 de novo? 또? quase 거의
sempre 항상 digestão 소화

기억하세요!

★ Poder '~할 수 있다' 동사의 인칭별 변화

Eu posso

Tu podes

Ele/ela/você pode

Nós podemos

Vós podeis

Eles/elas/vocês podem

문법

01 형용사와 부사의 비교급

형용사	비교급
pequeno 작은	menor 더 작은
grande 큰	maior 더 큰
mau 나쁜	pior 더 나쁜
bom 좋은	melhor 더 좋은

1. 열등비교급 [menos + 형용사/부사 + (do) que] '…보다 덜 ~하다'

Cecília é menos alta do que Denis.
쎄씰리아는 데니스보다 키가 덜 크다.

Estevam é menos inteligente do que Cecília.
에스떼반은 쎄씰리아보다 덜 똑똑하다.

Ele agiu menos generosamente que você.
그는 너보다 덜 관대하게 행동했다.

2. 우등비교급 [mais + 형용사/부사 + (do) que] '…보다 더 ~하다'

Cecília é mais alta do que Estevam.
쎄씰리아는 에스떼반보다 키가 더 크다.

Estevam é mais inteligente do que Cecília.
에스떼반은 쎄씰리아보다 더 똑똑하다.

Eu sou mais generosa do que Cecília.
나는 쎄씰리아보다 더 관대하다.

Cecília é mais simpática do que Maria.
쎄씰리아는 마리아보다 더 친절하다.

3. 동등비교 [tão + 형용사/부사 + quanto] '…만큼 ~하다'

Estevam é tão alto quanto Denis.
에스떼반은 데니스만큼 키가 크다.

Cecília é tão inteligente quanto Denis.
쎄씰리아는 데니스만큼 똑똑하다.

Denis come tão rapidamente quanto Estevam.
데니스는 에스떼반만큼 빠르게 먹는다.

4. 동등비교 [동사 + tanto quanto] '…만큼 많이 ～하다'

Cecília trabalha tanto quanto Estevam.
쎄씰리아는 에스떼반만큼 많이 일한다.

Eu ganho tanto quanto você.
나도 너만큼 많이 번다.

Ela come tanto quanto ele.
그녀는 그만큼 많이 먹는다.

5. 동등비교 [tanto +(명사) + quanto] 'a는 b만큼 (많이)～ 하다, 있다'

여기서 tanto는 수식하는 명사의 성과 수에 일치시킵니다.

	단수	복수
남성	tanto	tantos
여성	tanta	tantas

Cecília tem tantos filhos quanto Denis.
쎄씰리아는 데니스만큼 자녀가 많다.

Eu tenho tantos amigos quanto ele.
나는 그만큼 친구들이 많다.

Ela não tem tanta paciência quanto você.
그녀는 너만큼 인내심이 많지 않다.

6. [tão + 형용사 + que] '너무 ～해서 ～하다'

A casa é tão grande que moram muitas pessoas lá.
그 집은 너무 커서 거기에 많은 사람들이 산다.

O carro é tão caro que ninguém o compra.
그 차는 너무 비싸서 아무도 사지 않는다.

A blusa está tão pequena que não entra mais nela.
그 블라우스는 너무 작아서 더 이상 그녀에게 맞지 않는다.

7. 불규칙한 형태를 갖고 있는 형용사와 부사의 비교급

형용사	부사	비교급	최상급
pequeno 작은		menor 더 작은	o menor 가장 작은
grande 큰		maior 더 큰	o maior 가장 큰
mau 나쁜	mal 나쁘게	pior 더 나쁜	o pior 가장 나쁜
bom 좋은	bem 잘	melhor 더 좋은	o melhor 가장 좋은
pouco 적은	pouco 적게	menos 덜	
muito 많은	muito 많이	mais 더	

Cecília é maior do que Denis.
쎄씰리아는 데니스보다 키가 더 크다.

Cecília é mais rica do que Estevam.
쎄씰리아는 에스떼반보다 더 부유하다.

다음 대화를 듣고 따라 하세요.

01

F　Meu Deus, que cara é essa, Estevam?

M　Estou com gripe, tosse e muita dor de cabeça.

F　Por que você não vai ao médico?

M　Já tomei aspirina. Acho que vou me deitar um pouco agora.

F　Isso. Vai descansar. Você quer tomar algo? Um chá de limão?

M　Não, obrigado. Prefiro dormir.

02

F　Que remédio é esse?

M　É para dor nas costas.

F　E você toma sem ir ao médico?

M　Não. Foi o meu médico que receitou. Sempre que estou com dor nas costas, tomo este remédio.

F　Eu não gosto de tomar remédios.

M　Na verdade, ninguém gosta.

03

F　Bom dia, senhor Denis.

M　Bom dia. Você tem antiácido?

F　Temos. Está com dor de estômago?

M　Sim, eu geralmente tenho dor de estômago. Como muita gordura.

F　Você só deve comer gordura às vezes.

M　Eu sei, mas adoro frituras e churrasco. Quase sempre faço churrasco em casa.

F　Aqui está. Os clientes geralmente compram este aqui. É muito bom.

M　Obrigado. Acho que você vai me ver aqui com frequência. Semana que vem tem churrasco de novo!

04　O que você tem?

　　－ Estou com dor de cabeça.

　　－ Estou com dor nos olhos.

　　－ Estou com dor de barriga.

　　－ Estou com dor de estômago.

　　－ Estou com dor nas pernas.

　　－ Estou com dor nas mãos.

　　－ Estou com dor no peito.

　　－ Estou com dor no pescoço.

　　－ Estou com dor de ouvido.

　　－ Estou com dor no cotovelo.

Meu Deus! 맙소사　que cara é essa? 얼굴이 왜 그래?
gripe 감기　tosse 기침　chá de limão 레몬 차
preferir... …을 (더) 좋아하다, 선호하다　antiácido 제산제
gordura 지방　frituras 튀김류　churrasco 바비큐
frequência 빈도

01   다음 질문들에 답하세요.

1. Com que frequência você tem dor de cabeça?

   _______________________________________.

2. O que você toma quando está com dor de cabeça?

   _______________________________________.

3. Com que frequência você pega gripe?

   _______________________________________.

02   비교급을 사용하여 다음 문장들을 포르투갈어로 써 보세요.

1. 나는 그녀보다 키가 더 크다.

   _______________________________________.

2. 쎄씰리아는 마리아보다 더 부유하다.

   _______________________________________.

3. 데니스는 쎄씰리아만큼 공부를 많이 한다.

   _______________________________________.

4. 브라질은 한국보다 크다.

   _______________________________________.

5. 한국은 브라질보다 작다.

   _______________________________________.

03   듣기편의 3번 대화를 듣고 다음 질문들에 답하세요.

1. Por que o Denis foi à farmácia?

   _______________________________________.

2. Com que frequência o Denis tem dor de estômago?

   _______________________________________.

3. Por que ele está com dor de estômago?

   _______________________________________.

4. O que a farmacêutica lhe recomendou?   * farmacêutica 약사

   _______________________________________.

15

No shopping center

백화점에서

bermuda	반바지
blazer	블레이저
blusa	블라우스
calça	바지
camiseta	티셔츠
casaco	코트
colete	조끼
gravata	넥타이
jaqueta	점퍼
saia	치마
sapatos	구두
terno	양복
vestido	원피스

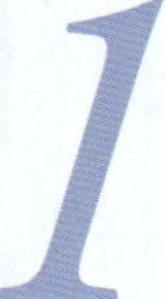

1

F   Bom dia, posso ajudar?

M   Gostaria de ver aquela camisa branca.

F   Sim, um momento.

M   Quanto custa?

F   50 reais.

M   Está muito cara.

F   Que tal esta? Está em promoção. Esta camisa custa 30 reais.

M   Não, não gostei. Volto outro dia.

F   Obrigada.

---

posso ~할 수 있다
(poder 동사의 직설법
현재의 1인칭 단수)
ajudar 돕다, 거들다,
도움이 되다
branca 흰, 흰색의, 하얀
um momento 잠시
cara 비싼
que tal esta? 이것은 어떠
세요?
promoção 할인, 승진, 진급
volto 돌아오다
(voltar 동사의 직설법
현재의 1인칭 단수)

F   안녕하세요. 무엇을 도와 드릴까요?
M   저 하얀 티셔츠 좀 보고 싶습니다.
F   예, 잠시만요.
M   얼마죠?
F   50 레알입니다.
M   너무 비싸네요.
F   이건 어떠세요? 할인 중입니다. 이 티셔츠는 30 레알입니다.
M   아니에요, 마음에 안 드네요. 다른 날 다시 오겠습니다.
F   감사합니다.

기억하세요!

★ **Cores** 색

Cores(색)의 품사는 형용사로서 수식하는 명사의 성과 수에 일치시킵니다.

남성	여성		남성	여성	
branco	branca	흰색	marrom	marrom	갈색
amarelo	amarela	노란색	preto	preta	검은색
azul	azul	파란색	rosa	rosa	핑크색
cinza	cinza	회색	verde	verde	초록색
laranja	laranja	오렌지색	vermelho	vermelha	빨간색

예 Esta camisa branca é muito grande. 이 흰 티셔츠는 매우 크다.

2

M Boa tarde. Posso ajudar?

F Posso ver aquele vestido que está no manequim?

M Sim, um momento.

F Quanto custa?

M Esse vestido custa 80 reais.

F Você tem um tamanho menor do que este?

M Não, esse é o menor que temos.

F Então, vou levar este vestido.

M A senhora vai pagar à vista ou à prestação?

F À vista.

ver 보다
aquele 저
manequim 마네킹
tamanho 사이즈
menor 더 작은
levar 가져가다
pagar 지불하다
à vista 일시불
à prestação 할부

M 안녕하세요. 무엇을 도와 드릴까요?
F 저 마네킹에 있는 원피스 좀 볼 수 있을까요?
M 예, 잠시만요.
F 얼마죠?
M 그 원피스는 80 레알입니다.
F 이보다 더 작은 사이즈도 있나요?
M 아니요, 그게 저희가 가지고 있는 것 중에서 가장 작은 사이즈입니다.
F 그러면 이 원피스 가져갈게요.
M 일시불 아니면 할부로 계산하실 건가요?
F 일시불이요.

★ [poder (인칭별 변화) + 동사원형] '~할 수 있다'

Eu posso

Tu podes

Ele/ ela/ você pode

Nós podemos

Vós podeis

Eles/ elas/ vocês podem

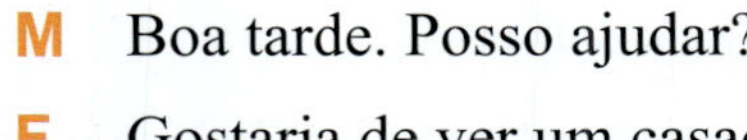

3

M	Boa tarde. Posso ajudar?
F	Gostaria de ver um casaco.
M	Que tal este? Este casaco é o mais vendido da nossa loja.
F	Quanto custa?
M	250 reais.
F	Você tem outras cores?
M	Temos o vermelho e o preto.
F	Vou levar o preto.
M	Como a senhora vai pagar?
F	Vou pagar em dinheiro.

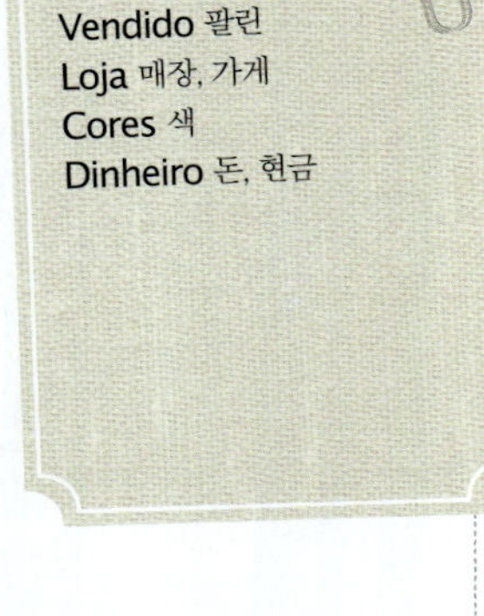

M	안녕하세요. 무엇을 도와 드릴까요?
F	코트 좀 볼 수 있을까요?
M	이건 어떠세요? 이 코트는 저희 매장에서 가장 잘 팔리는 상품입니다.
F	얼마죠?
M	250 레알입니다.
F	다른 색상도 있나요?
M	빨강과 검정이 있습니다.
F	검은색을 가져갈게요.
M	어떻게 지불하실 거죠?
F	현금으로 계산하겠습니다.

기억하세요!

★ 지불수단

cartão de crédito 신용카드
cartão de débito 직불카드
cheque 수표
dinheiro 돈, 현금
moeda 동전
nota 지폐

4

M Boa tarde. Posso ajudar?

F Aqui tem calça jeans?

M Sim, temos. Que tal esta?

F Você tem um tamanho maior do que esta?

M Sim, temos. Aqui está. Acho que esta serve na senhora.

F Posso experimentar esta calça?

M Sim, claro.

(depois de experimentar a calça)

F Vou levar esta calça.

M Essa calça está em promoção. Custa 45 reais.

F Tá bom. Vou pagar com cheque.

calça jeans 청바지
tamanho 사이즈
serve (옷 등이) 맞다
experimentar
　시도해 보다, 입어 보다,
　먹어 보다
promoção 할인
cheque 수표

M 안녕하세요. 무엇을 도와 드릴까요?
F 여기 청바지 있나요?
M 예, 있습니다. 이건 어떠세요?
F 이보다 더 큰 사이즈 있나요?
M 예, 있습니다. 여기요. 이건 부인께 맞을 것 같습니다.
F 이 바지 입어 봐도 되나요?
M 예, 당연하죠.
　　 (바지를 입어 본 후)
F 이 바지 가져갈게요.
M 그 바지는 세일 중입니다. 45 레알입니다.
F 예. 수표로 낼게요.

기억하세요!

★ **Maior do que** '～ 보다 더 큰'

Esta camiseta é maior do que aquela. 이 티셔츠는 저것보다 더 크다.

Minha caneta é maior do que a sua. 내 볼펜은 너의 볼펜보다 더 크다.

Rogério   Oi, Ji-yeon. Você pode ir ao shopping center comigo?

Ji-yeon   Sim, claro. O que você vai comprar no shopping center?

Rogério   Vou comprar um terno para vestir no casamento de um amigo meu.

Ji-yeon   Quando você quer ir ao shopping center?

Rogério   Amanhã à tarde, depois do almoço. E você não tem nada para comprar?

Ji-yeon   Estou pensando em comprar um vestido.

Rogério   Tá bom. Então até amanhã.

Ji-yeon   Tchau.

호제리오	안녕, 지연. 나와 같이 백화점 가 줄 수 있어?
지연	응, 당연하지. 백화점에서 뭐 살 거야?
호제리오	내 친구 결혼식장에 입고 갈 양복 사려고.
지연	백화점은 언제 갈 거야?
호제리오	내일 오후, 점심 이후에. 너는 살 거 없어?
지연	원피스 한 벌 살까 생각 중이야.
호제리오	알았어. 그럼 내일 보자.
지연	안녕.

shopping center 백화점   comigo 나와
vestir 입다, 착용하다   terno 양복   amigo 친구
nada 아무것도 아닌   para ~을 위한, ~의
amanhã 내일

기억하세요!

★ comigo '나와' (전치사 com + 전치사의 목적격)

Você quer jantar comigo? 나랑 저녁 먹을래?

comigo 나와

contigo 너와

com ele/com ela 그와/그녀와

conosco 우리와

convosco 너희들과

com eles/com elas 그들과/그녀들과

01 형용사와 부사의 최상급

형용사	최상급	단순 절대 최상급
pequeno 작은	o menor 가장 작은	pequeníssimo 극히 작은
grande 큰	o maior 가장 큰	grandíssimo 극히 큰
mau 나쁜	o pior 가장 나쁜	péssimo 극히 나쁜
bom 좋은	o melhor 가장 좋은	ótimo 극히 좋은

1. 열등비교 최상급 [정관사 + menos + 형용사 + de/entre]
'…에서 가장 ~하지 않다'

Este hotel é o menos famoso desta cidade.
이 호텔은 이 도시에서 가장 인기가 없다.

A Cecília é a menor de todas suas amigas.
쎄씰리아는 자신의 모든 친구들 중에서 가장 작다.

Denis é o menos inteligente de todos os alunos da classe.
데니스는 반 학생들 중에서 가장 똑똑하지 않다.

2. 우등비교 최상급 [정관사 + mais + 형용사 + de/entre]
'…에서 가장 ~하다'

Este hotel é o maior desta cidade.
이 호텔은 이 도시에서 가장 크다.

Esta casa é a mais moderna desta rua.
이 집은 이 거리에서 가장 현대적이다.

Estevam é o jovem mais famoso do Brasil.
에스떼반은 브라질에서 가장 유명한 청년이다.

3. 절대최상급

사람이나 사물 등이 비교 대상이 없을 때 최상임을 나타나기 위해 사용하며, 절대최상급은 단순최상급과 복합최상급으로 나뉘어 있습니다.

(1) 단순절대최상급

형용사의 어미가 남성이면 –íssimo, 여성이면 –íssima를 덧붙여 절대최상급을 만듭니다.

1) –a, –e, o로 끝나는 형용사는 어미 –a, –e, o를 제거하고 –íssimo/íssima를 덧붙입니다.

    famos**a** 유명한 → famos**íssima** 매우 유명한

    inteligent**e** 똑똑한 → inteligent**íssimo** 매우 똑똑한

    modern**o** 현대적인 → modern**íssimo** 매우 현대적인

    car**o** 비싼 → car**íssimo** 매우 비싼

    bel**o** 멋진 → bel**íssimo** 매우 멋진

    Aquela atriz é famos**íssima**. 저 여배우는 매우 유명하다.

    A minha casa é modern**íssima**. 우리 집은 매우 현대적이다.

    O meu carro é car**íssimo**. 나의 자동차는 매우 비싸다.

    Ele é bel**íssimo**. 그는 매우 멋지다.

2) 형용사의 어미가 –vel로 끝나면 –vel → –bil로 바꾸고 –íssimo를 덧붙입니다.

    amá**vel** 사랑스러운 → ama**bilíssimo** 매우 사랑스러운

    agradá**vel** 친절한, 다정한 → agrada**bilíssimo** 매우 친절한, 매우 다정한

    terrí**vel** 끔찍한 → terri**bilíssimo** 매우 끔찍한

3) 기타 불규칙 변화

    difícil 어려운 → dificílimo 매우 어려운

    fácil 쉬운 → facílimo 매우 쉬운

    mau, ruim 나쁜 → péssimo 매우 나쁜, 아주 못된

    bom 좋은 → ótimo 매우 좋은

    grande 큰 → máximo 가장 큰, 아주 큰

    pequeno 작은 → mínimo 가장 작은, 아주 작은

문법

Esta prova é dificílima. 이 시험은 매우 어렵다.

Este trabalho é facílimo. 이 일은 매우 쉽다.

Ele é péssimo em matemática. 그는 산수를 매우 못한다.

Hoje o tempo está ótimo. 오늘 날씨가 매우 좋다.

(2) 복합절대최상급

복합절대최상급은 형용사를 변화시키지 않고 bastante, demais, mais, menos, bem, muito, quanto, quão, quase, tanto, pouco, demasiado 등의 부사를 앞에 덧붙여 만듭니다.

[부사 + 형용사]

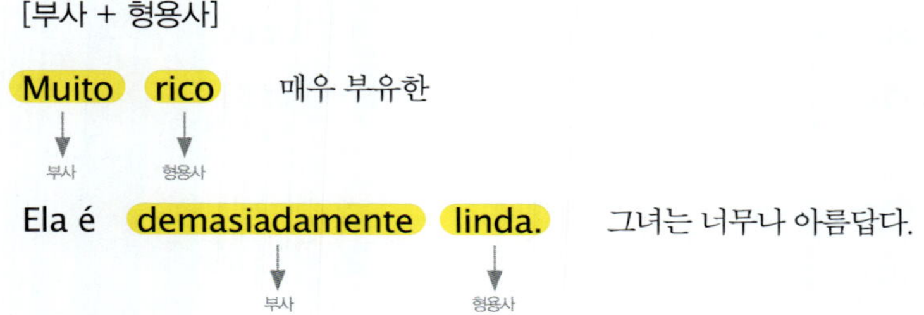

O filme foi muito interessante. 그 영화는 매우 흥미로웠다.

Ele é bastante corajoso. 그는 매우 용감하다.

다음 대화를 듣고 따라하세요.

M　Quanto custa este vestido?

F　Esse vestido custa 50 reais.

F　Quanto custa esta saia?

M　Essa saia custa 15 reais.

F　Quanto custa aquela blusa azul?

M　Aquela blusa azul custa 10 reais.

M　O que você usa quando vai ao trabalho?

F　Geralmente, eu uso saia, blusa e blazer ou casaco.

F　O que você usa quando vai a uma festa?

M　Eu uso terno e gravata.

M　O que você usa quando vai à escola?

F　Eu uso uniforme da escola.

M　O que você usa quando sai com a namorada?

F　Geralmente eu uso calça jeans e camiseta branca ou preta.

M　O que você está usando agora?

F　Estou usando um vestido amarelo.

M　Qual é o tipo de roupa que você veste com freqüência?

F　Eu visto vestido, calça jeans e camiseta.

biquíni 비키니　bolsa 가방　boné 야구모자　camisola 잠옷
cinto 벨트　maiô 원피스 수영복　meia-calça 스타킹
óculos 안경　relógio de pulso 손목시계　sunga 남자 수영복
uniforme 유니폼　escola 학교　namorada 여자친구, (여자)애인
tipo 종류　vestir 입다, 착용하다

01   **다음 질문을 읽고 포르투갈어로 답하세요.**

    1. O que você usa quando vai ao trabalho?

        ____.

    2. Qual é o tipo de roupa que você veste com freqüência?

        ____.

02   **다음 문장들을 읽고 포르투갈어로 번역하세요.**

    1. 이 호텔은 상파울로에서 가장 유명하다.

        ____.

    2. 저 여학생은 우리 학교에서 가장 인기가 많다.

        ____.

    3. 나는 저 매장에서 가장 비싼 원피스를 샀다.

        ____.

    4. 이 비행기는 세계에서 가장 빠르다.

        ____.

    5. 그는 이 동네에서 가장 작은 가게를 하나 오픈 했다.

        ____.

    6. 그는 이 동네에서 가장 부유한 청년이다.

        ____.

    7. 이 문제가 시험에서 가장 어렵다.

        ____.

8. 그는 우리 반에서 키가 가장 큰 학생이다.

   ____.

9. 저 교수님은 우리 학교에서 가장 친절하신 분이다.

   ____.

10. 우리 집은 이 동네에서 가장 크다.

   ____.

03 다음 형용사들을 단순절대최상급으로 변화시키세요.

1. Amável _______________________

2. Caro _______________________

3. Rico _______________________

4. Barato _______________________

5. Alto _______________________

popular 인기 loja 매장 veloz 빠른
bairro 동네 classe 학급 [반]
gentil 친절한 amável 사랑스러운

basquetebol	농구
beisebol	야구
jogging	조깅
correr	뛰다, 달리다
dançar	춤추다
esportes	운동
futebol	축구
ginástica	체조, 운동
ioga	요가
natação	수영
voleibol	배구

1

F   Qual é seu esporte favorito?

M   Meu esporte favorito é futebol. E você pratica algum esporte?

F   Eu faço jogging. Quando você joga futebol?

M   Jogo aos sábados.

F   Com quem você joga?

M   Geralmente, jogo com meus amigos. E quando você faz jogging?

F   Eu faço jogging antes de ir ao trabalho.

M   Todos os dias? Onde?

F   Sim, todos os dias. No parque Ibirapuera.

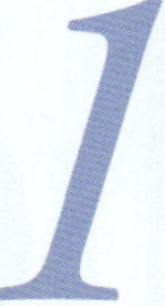

favorito 가장 좋아하는
pratica 연습하다, 실행하다, 실천하다, ~하다
algum 약간의, 몇몇의
geralmente 보통, 평상시
ir ao ~가다
aonde 어디에
todos os dias 매일
parque 공원
perto de ~ 근처에

F   네가 가장 좋아하는 운동은 뭐야?

M   나는 축구를 가장 좋아해. 너는 하는 운동 있어?

F   나는 조깅해. 축구는 언제 하는데?

M   토요일마다 해.

F   누구랑 하는데?

M   보통, 친구들과 해. 넌 조깅 언제 하니?

F   출근하기 전에 해.

M   매일? 어디서?

F   응, 매일. 이비라뿌에라 공원에서.

기억하세요!

★ 전치사 'a'는 시간, 방향, 장소 등을 나타내는 말로서 명사 앞에 위치합니다.

전치사 'a'가 명사 앞에 오는 정관사와 만나면 아래와 같은 결합이 이뤄집니다.

a+a = à ～에	a+as = às ～에
a+o = ao ～에	a+os = aos ～에

예 **Ir ao cinema** 극장에 가다

2

M Cecília, você pratica algum esporte?

F Eu faço natação.

M Que legal! Quantas vezes por semana você faz?

F Faço três vezes por semana. E você pratica algum esporte?

M Eu jogo basquetebol aos domigos com meus amigos da escola.

F E o que você faz nos sábados?

M Eu ando de bicicleta com meu irmão. E o que você faz no final de semana?

F Saio com minhas amigas para jantar ou beber.

pratica 연습하다, 실행하다, ~하다 (praticar 동사의 직설법 현재의 3인칭 단수)
algum 어떠한, 몇몇의
quantas 얼마나, 어느 정도, 몇 개의
três vezes 3번
semana 평일
final de semana 주말
saio 나가다 (sair 동사의 직설법 현재 1인칭 단수)
jantar 저녁을 먹다
ou 혹은, 또는
beber 마시다, 술을 마시다
com ~와 함께, ~을 가지고

M 쎄씰리아, 너 하는 운동 있어?
F 나는 수영해.
M 재미있겠다! 일주일에 몇 번이나 하니?
F 일주일에 3번 해. 너는 하는 운동 있어?
M 나는 매주 일요일마다 학교 친구들과 농구해.
F 그럼 토요일에는 뭐해?
M 형이랑 자전거 타. 너는 주말에 뭐해?
F 친구들과 저녁을 먹거나 술 마시러 나가.

★ 일반적으로 요가, 체조 등과 같이 혼자 하는 운동 명사 앞에는 fazer '~하다'라는 동사가 오며, 축구, 농구, 배구 등과 같이 여러 사람과 함께 하는 운동을 나타내는 명사들 앞에는 jogar '놀다, ~하다' 동사를 씁니다.

fazer ginástica	체조하다	jogar futebol	축구하다
fazer ioga	요가하다	jogar voleibol	배구하다
fazer natação	수영하다	joar basquetebol	농구하다
fazer caminhada	산책하다	jogar beisebol	야구하다

3

F Denis, você também joga futebol?

M Sim, às vezes. Mas não gosto muito de futebol.

F Então, qual é o seu esporte favorito?

M Gosto de jogar beisebol.

F Também gosto de beisebol. Mas não sei jogar.

M E você pratica algum esporte?

F Faço ioga.

M Quantas vezes por semana você faz?

F Faço só duas vezes por semana.

às vezes 가끔
mas 그러나
não 아니, 안 돼
então 그러면
sei 알다 (saber 동사의
　직설법 현재의 1인칭 단수)
faço ~하다 (fazer 동사의
　직설법 현재의 1인칭 단수)
semana 주
só 오직
duas vezes 2번
por ~당, ~마다

F 데니스, 너도 축구하니?
M 응, 가끔. 그런데 축구는 많이 좋아하지는 않아.
F 그러면, 네가 가장 좋아하는 운동은 뭐야?
M 나는 야구하는 걸 좋아해.
F 나도 야구 좋아해. 그런데 하지는 못해.
M 너는 하는 운동 있어?
F 나는 요가해.
M 일주일에 몇 번 하는데?
F 일주일에 2번만 해.

★ Gostar de

Gostar 동사는 '좋아하다'라는 뜻이며 항상 전치사 de(~을)를 수반합니다.

Gostar de 뒤에는 명사 또는 동사의 원형이 올 수 있으며 각 품사에 따라 문장의 의미가 달라지게 됩니다.

[Gostar de + 명사] '~을 좋아하다'
예 Gosto de banana. 나는 바나나를 좋아한다.

[Gostar de + 동사원형] '~하는 것을 좋아하다'
예 Gosto de caminhar. 나는 산책하는 것을 좋아한다.

4

M Cecília, você faz ioga?

F Não, faço natação.

M Cecília, você sabe jogar voleibol?

F Não, mas sei jogar beisebol.

M É sério?

F Sim. Aprendi com meu irmão. E você pratica algum esporte?

M Sim, eu também faço natação.

F Você faz todos os dias?

M Não, só faço no final de semana. E você?

F Eu faço todas as manhãs.

natação 수영
nadar 수영하다
sei 알다 (saber 동사의
    직설법 현재의 1인칭 단수)
é sério? 정말? 진짜?
aprendi 배웠다
    (aprender 동사의 과거형
    1인칭 단수)
também ~도, ~또한, 그것도
todos os dias 매일
manhãs 아침

M 쎄씰리아, 너 요가하니?
F 아니, 수영해.
M 쎄씰리아, 너 배구할 줄 아니?
F 아니, 그런데 야구는 할 줄 알아.
M 정말?
F 응. 오빠한테 배웠어. 너는 하는 운동 있어?
M 응, 나도 수영해.
F 매일 하니?
M 아니, 주말에만 해. 너는?
F 나는 매일 아침마다 해.

기억하세요!

★ Gostar '좋아하다' 동사의 인칭별 변화 (직설법 현재)

Eu gosto 나는 좋아한다
Tu gostas 너는 좋아한다
Ele, ela, você gosta 그, 그녀, 당신은 좋아한다
Nós gostamos 우리들은 좋아한다
Vós gostais 너희들은 좋아한다
Eles, elas, vocês gostam 그들, 그녀들, 당신들은 좋아한다

Ji-yeon	Rogério, qual é o seu esporte favorito?
Rogério	Meu esporte favorito é futebol. E você pratica algum esporte?
Ji-yeon	Eu faço natação.
Rogério	Quantas vezes por semana você faz?
Ji-yeon	Faço duas vezes por semana. Onde você joga futebol?
Rogério	Jogo na minha escola com meus amigos.
Ji-yeon	E você pratica algum outro esporte?
Rogério	Sim, às vezes jogo voleibol. E você?
Ji-yeon	Eu só faço natação.

지연	호제리오, 네가 가장 좋아하는 운동은 뭐야?
호제리오	나는 축구를 가장 좋아해. 너는 하는 운동 있어?
지연	나는 수영해.
호제리오	일주일에 몇 번이나 해?
지연	일주일에 두 번 해. 축구는 어디서 해?
호제리오	우리 학교에서 친구들과 해.
지연	너는 또 다른 운동하는 거 있어?
호제리오	응, 가끔 배구도 해. 너는?
지연	나는 수영만 해.

favorito 가장 좋아하는 quantas vezes 몇 번
duas 둘, 이 (숫자) aonde 어디에 (전치사 a + onde)
por ~당, ~마다 onde 어디 escola 학교 só 오직, ~만
algum 약간의, 몇몇의 às vezes 가끔, 때때로
outro 또 다른

★ Fazer '하다' 동사의 불규칙 변화

Eu faço	Tu fazes
Ele/ela/você faz	Nós fazemos
Vós fazeis	Eles/elas/vocês fazem

01 전치사

명사나 대명사 앞에서 시간, 장소, 방향, 이유 등의 의미를 나타내는 말을 전치사라고 합니다.
일반적으로 대다수의 명사는 관사 또는 한정사를 수반하는데, 이 명사 앞에 오는 관사 또는
한정사가 전치사와 만나면 다음과 같은 결합이 이뤄집니다.

1. 전치사 a

(1) 전치사 a와 정관사의 결합

전치사		정관사		
a	+	a	=	à
a	+	o	=	ao
a	+	as	=	às
a	+	os	=	aos

(2) 전치사 a의 용법

전치사 a는 '장소, 시간, 방법, 수단, 목적지' 등을 표현하기 위해 가장 많이 사용됩니다.

〈장소〉 Vou ao hospital. 나는 그 병원에 갈 것이다.

〈시간〉 Termino o trabalho às duas horas. 나는 2시에 일을 마친다.

〈방법〉 Chegou em casa aos gritos. 집에 소리지르며 왔다.

〈수단〉 Ele voltou a cavalo. 그는 말을 타고 돌아왔다.

〈목적지〉 Ir a Roma. 로마에 가다.

2. 전치사 de

(1) 전치사 de와 정관사의 결합

전치사		정관사		
de	+	a	=	da
de	+	o	=	do
de	+	as	=	das
de	+	os	=	dos

전치사 de는 '소유, 원인, 출신, 재료' 등을 표현하기 위해 사용됩니다.

(2) 전치사 de의 용법

〈소유〉 Não posso doar as roupas da minha mãe.
나는 우리 어머니의 옷을 기증할 수 없다.

Carros de Ji-yeon. 지연이의 차(들)

〈원인〉 Ela faleceu de derrame cerebral. 그녀는 뇌졸중으로 사망했다.

〈출신〉 Nós somos da Coreia. 우리는 한국 출신이다.

〈재료〉 Ganhei um anel de diamante.
나는 다이아몬드(로 만들어진) 반지를 선물 받았다.

〈교통수단〉 Viajar de trem. 기차를 타고 여행가다.

3. 전치사 em

(1) 전치사 em과 정관사의 결합

전치사		정관사		
em	+	a	=	na
em	+	o	=	no
em	+	as	=	nas
em	+	os	=	nos

(2) 전치사 em의 용법

전치사 em은 '시간, 장소' 등을 표현하기 위해 사용됩니다.

〈장소〉 **Vou ficar em casa.** 나는 집에 있을 것이다.

Ela está no hospital. 그녀는 병원에 있다.

〈시간〉 **A prova vai começar em dois minutos.** 시험은 2분 안에 시작될 것이다.

Em setembro irei ao Rio. 9월에 나는 리오에 갈 것이다.

4. 자주 사용되는 기타 전치사

(1) 전치사 para

전치사 para는 '목적, 방향, 목적지' 등을 표현하기 위해 사용됩니다.

〈목적지〉 **Irei para casa.** 나는 집에 갈 것이다.

〈방향〉 **Olhe para a frente.** 앞을 봐.

〈목적〉 **Vou ao hospital para começar o tratamento.**
나는 치료를 시작하기 위해서 병원에 갈 것이다.

〈~을 위하여〉 **Este presente é para você.** 이 선물은 너를 위한 것이야.

(2) 전치사 com '~와 함께, ~을 가지고, ~와 함께'

Irei ao banco com ele. 나는 그와 함께 은행에 갈 것이다.
Sair com amigos. 친구들과 나가다.

(3) 전치사 sem '~을 제외하고, ~을 뺀, ~없이'

Café sem açúcar 설탕이 들어 있지 않은 커피 (블랙커피)
Ela está sem dinheiro. 그녀는 돈이 없다.
Sem dúvida, ele está louco. 그가 미친 것이 틀림없다.

(4) entre '~사이에'

A janela está entre a porta e a cama. 그 창문은 문과 침대 사이에 있다.

(5) desde '~부터(이후)'

Não o vejo desde o ano passado. 작년부터 그를 보지 못했다.
Desde domingo passado não bebo mais.
지난 일요일부터 술을 마시지 않는다.

(6) até '~까지, ~조차도'

Corri até cair de cansaço. 나는 지칠 때까지 달렸다.
Vou caminhar até a casa de Denis. 나는 데니스의 집까지 걸어갈 것이다.

(7) sobre '~위해, ~관해서'

O leite está sobre a mesa. 그 우유는 식탁 위에 있다.
Ontem nós conversamos sobre o casamento.
어제 우리는 결혼식에 대해 얘기했다.

(8) durante '~동안'

Ele saiu durante o discurso. 그는 연설 도중에 나왔다.

전치사를 수반하는 동사 + 동사원형

acabar de ~하는 것을 마치다, ~ 끝내다
aprender a ~하는 것을 배우다
começar a ~시작하다
concordar em ~에 동의하다
deixar de ~놔두다
desistir de ~을 포기하다
gostar de ~하는 것을 좋아하다
insistir em ~에 주장하다
obrigar a ~하는 것을 강요하다
parar de ~을 멈추다
pedir para ~에게 부탁하다, 요청하다
pensar em ~을 생각하다

Eu aprendi a dirigir em 1 mês. 나는 한 달만에 운전을 배웠다.
Ela começou a chorar. 그녀는 울기 시작했다.

전치사를 수반하는 동사 + 명사

acreditar em ~을 믿다
agradar a ~을 만족시키다, 충족시키다, 납득시키다
andar de ~을 타고 가다
concordar com ~와 동의하다, ~에 동의하다
cuidar de ~을 돌보다
depender de ~에 의존하다
desistir de ~을 포기하다
falar com, de, sobre ~와 말하다, ~에 대해 이야기하다
gostar de ~을 좋아하다

pensar em ~을 생각하다
sonhar com ~꿈꾸다

Eu acredito em você. 나는 당신을 믿어요.
Ela desistiu da viagem. 그녀는 여행을 포기했다.

전치사를 수반하는 형용사 + 동사원형

alegre em, por ~에 기쁜
ansioso por ~열망하는, ~간절히 바라는, ~에 불안해하다
contente em ~에 기쁜
difícil de ~ 어려운
fácil de ~ 쉬운
favorável a ~에 호의적인
igual a ~와 같은
interressado em ~에 관심이 있는
satisfeito por, em ~에 만족하는
triste por ~슬픈

É muito difícil de resolver este problema.
이 문제를 해결하는 것은 매우 어려운 일이다.

Estou contente em poder ajudar você. 당신을 도와 줄 수 있어 기쁩니다.

전치사를 수반하는 형용사 + 명사

agradável a ~좋은, 즐거운
alegre com ~와 기쁜
ancioso por, de ~열망하는, ~간절히 바라는, ~에 불안해하는
contente com, por ~기쁜
contrário a ~ 반대로
favorável a ~에 호의적인
igual a ~와 같은

interessado em ~에 관심 있는

parecido com ~와 닮은

satisfeito com ~에 만족스러운

semelhante a ~와 비슷한

triste com, por ~ 슬픈

Sou muito parecida com minha mãe. 나는 우리 엄마와 매우 닮았다.

Ficamos alegres com a notícia. 그 소식을 듣고 우리는 기뻤다.

다음 대화를 듣고 따라하세요.

01

F　Qual é seu esporte favorito?

M　Meu esporte favorito é futebol.

M　Você pratica algum esporte?

F　Faço natação.

F　Qual é o seu esporte favorito?

M　Meu esporte favorito é beisebol.

M　Quando você faz ioga?

F　Eu faço ioga antes de ir ao trabalho.

F　Qual é o seu esporte favorito?

M　Meu esporte favorito é basquetebol. E você pratica algum esporte?

F　Eu jogo voleibol.

M　Onde você faz jogging?

F　Faço no parque perto da minha casa.

F　Quantas vezes por semana você joga futebol?

M　Jogo futebol uma vez por semana.

F　Onde você joga futebol?

M　Jogo futebol na minha escola.

02

F　Denis, qual é seu esporte favorito?

M　Meu esporte favorito é voleibol. Cecília, e você? Você pratica algum esporte?

F　Eu faço natação.

M　Quantas vezes por semana você faz?

F　Faço duas vezes por semana. Onde você joga voleibol?

M　Jogo na minha escola com meus amigos.

F　E você pratica algum outro esporte?

M　Sim, às vezes jogo basquetebol. E você?

F　Eu só faço natação.

연습문제

01   다음 대화를 완성해 보세요.

1. Qual é o seu esporte favorito?

   ____.

2. Quantas vezes por semana você pratica esse esporte?

   ____.

02   다음 빈칸을 알맞은 전치사로 채운 후 번역해 보세요.

1. Todos começaram _________ falar ao mesmo tempo.

   ____.

2. Não gosto _________ viajar com estranhos.

   ____.

3. Estas crianças não gostam ___________ estudar.

   ____.

4. Tudo depende _________ você.

   ____.

5. Cecília se interessa _________ tudo.

   ____.

6. Preciso falar __________ você.

   ____.

7. Não estou interessada _________ participar desta reunião.

   ____.

8. Ela ficou muito contente ____________ sua carta.

____.

9. Este trabalho depende __________ nós.

____.

03 듣기편의 2번 대화를 듣고 답하세요.

1. Qual é o esporte que a Cecília pratica?

____.

2. Qual é o esporte que o Denis pratica? E com quem ele pratica esse esporte?

____.

3. Quantas vezes por semana a Cecília pratica esse esporte?

____.

4. Ela pratica algum outro tipo de esporte?

____.

começar 시작하다 estranho 이상한, 낯선 (사람)
criança 어린이 depender 의존하다, 의지하다
interessar 흥미[관심]가 있다 carta 편지

17

Personalidade

성격

VOCABULÁRIO

ambicioso	야심 있는, 야심적인
brincalhão	장난꾸러기
educado	교양 있는, 교육을 받은, 예의 바른
egoísta	이기적인
generoso	관대한
impaciente	성급한
inteligente	총명한, 똑똑한
paciente	참을성 있는, 인내심이 있는
simpático	친절한, 상냥한
sociável	사교적인
tímido	수줍은
trabalhador	부지런한, 열심히 일하는

1

F Quem é este homem?

M É o meu pai.

F Ele parece simpático.

M É sim. E ele é generoso e trabalhador.

F E esta é sua mãe?

M Não, é minha tia.

F Ela parece tímida.

M É, mas ela é muito simpática.

---

quem 누구
homem 남자
parece ~처럼 보이다
simpático 친절한
generoso 관대한
trabalhador 부지런한,
   일을 열심히 하는
mãe 엄마
tia 고모, 이모

F 이 남자분은 누구셔?
M 우리 아빠야.
F 친절해 보이신다.
M 응, 맞아. 그리고 관대하고 부지런하셔.
F 이분은 너의 어머니야?
M 아니, 우리 고모야.
F 너의 고모께서는 수줍음이 많아 보이셔.
M 응, 그런데 매우 친절하셔.

기억하세요!

★ [parecer + 형용사] '~처럼 보이다, ~인 것 같다'

Ela parece inteligente. 그녀는 똑똑한 것 같아.

Eles parecem muito educados. 그들은 예의가 바른 것 같다.

Ele parece impaciente. 그는 참을성이 없어 보여.

2

M Quem são eles?

F São meus irmãos.

M Parecem inteligentes.

F E também são ambiciosos.

M E quem é esta?

F É minha irmã mais nova.

M Ela parece com você.

M 그들은 누구야?
F 우리 오빠들이야.
M 똑똑하신 것 같아.
F 그리고 야심도 많아.
M 이쪽은 누구야?
F 나의 여동생이야.
M 너와 닮았다.

irmão 형제
também ~도, ~또한
ambiciosos 야심 있는,
  야심적인
mais nova 더 어린
parece com ~ 와 닮다,
  ~와 비슷하다

기억하세요!

★ [parecer com + 명사] '~ 와 닮다, ~와 비슷하다'
Ela parece muito com sua mãe. 그녀는 너의 어머니와 무척 닮았구나.

★ parecer 동사의 직설법 현재의 인칭별 변화

pareço

pareces

parece

parecemos

pareceis

parecem

3

F	Como é a personalidade da sua mãe?
M	Ela é um pouco tímida, mas paciente e generosa.
F	E seu pai?
M	Meu pai é inteligente e sociável.
F	Você tem a personalidade de sua mãe ou de seu pai?
M	Acho que da minha mãe.

F	너의 어머니는 어떠셔?
M	수줍음이 좀 있으시지만, 인내심도 있고 관대하셔.
F	너의 아버지는?
M	우리 아버지는 똑똑하시고 사교적이셔.
F	너는 너의 어머니와 아버지 중에 누구 성격을 닮았어?
M	엄마를 닮은 것 같아.

como 어떻게, 어떤
um pouco 조금, 약간
tímida 수줍은
paciente 참을성 있는, 인내심이 있는
generosa 관대한
tem ~가지고 있다, 있다
personalidade 성격
acho que ~ 인 것 같다

기억하세요!

★ **Tipos de personalidade** 기타 성격 유형

calmo 침착한, 차분한	**carinhoso** 다정한
criativo 창조적인, 창의적인	**delicado** 온화한, 순한, 얌전한
divertido 재미있는, 즐거운	**engraçado** 웃긴, (웃기게) 재미있는
extrovertido 외향적인, 사교적인	**ganancioso** 탐욕스러운, 욕심 많은
honesto 정직한	**indelicado** 불친절한, 무례한, 실례되는
rigoroso 엄격한	**sério** 진지한

4

F   Como é a personalidade do seu professor?

M   Ele é paciente e brincalhão. E sua professora?

F   Ela é séria e rigorosa.

M   É sério? Ela parece simpática.

F   Só parece!

F   너의 교수님 성격은 어떠셔?
M   인내심도 있으시고 장난도 잘 치셔. 너의 교수님은?
F   진지하고 엄격하셔.
M   진짜? 친절해 보이시던데.
F   그렇게 보이실 뿐이야!

professor 교수님
brincalhão 장난꾸러기, 장난을 잘 치는
séria 진지한
rigorosa 엄격한
é sério? 진짜?
simpática 친절한
só 단, 오직

★ 성격 / 특징을 물어볼 때

Como é a personalidade de ~? '~의 성격은 어떠니?'

Como é a personalidade de Maria? 마리아의 성격은 어떠니?

–**Ela é simpática e honesta.** 그녀는 친절하고 정직해.

Quais são as características de ~? '~의 특징은 뭐야?'

– **Quais são as características de Pedro?** 베드로는 어떤 특징들을 가지고 있니?

– **Ele é rigoroso, criativo, alto e muito bonito.**
그는 엄격하고, 창조적이고, 키도 크고 아주 멋있어.

Rogério   Ji-yeon, você gostou do filme e do jantar de hoje à noite?

Ji-yeon   Sim, o filme foi muito engraçado. E o jantar estava delicioso.

Rogério   Mas você não acha que o garçom é um pouco indelicado?

Ji-yeon   Um pouco, mas tudo bem. E você gostou do filme?

Rogério   Sim, adorei. Principalmente da personagem. Ela é muito engraçada.

Ji-yeon   Pois é. Ela é muito engraçada.

Rogério   Excepto o garçom indelicado tudo foi bom.

호제리오	지연, 오늘 저녁에 본 영화와 저녁 식사 맘에 들었어?
지연	응, 영화도 재미있었고 저녁도 정말 맛있었어.
호제리오	그런데 그 웨이터 너무 불친절하다는 생각 들지 않아?
지연	조금, 그런데 괜찮았어. 너는 영화 재미있게 잘 봤니?
호제리오	응, 너무 좋았어. 특히 그 캐릭터. 정말 웃긴 것 같아.
지연	응, 맞아. 너무 웃겼어.
호제리오	불친절한 웨이터만 제외하면 다 너무 좋았어.

filme 영화 à ~에 (시간, 장소 등을 나타내는 전치사)
divertido 재미있는 delicioso 아주 맛있는 garçom 웨이터
adorei 아주 좋아하다, 흠모하다, 사모하다 principalmente 특히
personagem 캐릭터 (영화 등의 등장인물) engraçada 웃긴, 재미있는
excepto 제외하고는, 외에는 indelicado 불친절한, 무례한, 실례되는

gostar → amar → adorar
좋아하다   사랑하다   아주 좋아하다, 사모하다

Eu gosto de você. 나는 너를 좋아해.

Eu amo ele. 나는 그를 사랑해.

Eu adoro aquele ator. 나는 그 영화배우를 매우 사랑해 (사모해).

문법

01 관계사

1. 관계대명사

관계대명사는 앞에 오는 명사를 대신하는 동시에 뒤에 오는 절을 선행사에 연결해 주는 역할을 합니다.

(1) que

Que는 선행사로 사람이나 사물 등이 올 수 있으며 형태가 변화하지 않습니다.

O homem está na sala. O homem quer falar com você.
그 남자는 거실에 있다. 그 남자는 당신과 이야기하길 원한다.

→ O homem que está na sala quer falar com você.
거실에 있는 남자가 당신과 이야기하길 원한다.

Encontrei o garoto. Você estava procurando o garoto.
나는 그 소년을 찾았다. 너는 그 소년을 찾고 있는 중이었다.

→ Encontrei o garoto que você estava procurando.
나는 네가 찾고 있던 소년을 찾았다.

Você viu a casa? Ele comprou a casa.
너 그 집 봤어? 그는 그 집을 샀다.

→ Você viu a casa que ele comprou?
너 그가 산 집 봤니?

(2) quem

선행사로 사람만 취하고, 항상 전치사 de, com, por, para 등을 수반합니다.

A moça é brasileira. Trabalho com ela.
그 처녀는 브라질 사람이다. 나는 그녀와 일한다.

→ A moça com quem trabalho é brasileira.
나와 함께 일하는 그 처녀는 브라질 사람이다.

Trabalho com o diretor. O diretor nunca está satisfeito.
나는 그 임원과 일한다. 그 임원은 항상 만족해하지 않는다.

→ O diretor com quem trabalho nunca está satisfeito.

나와 함께 일하는 그 임원은 항상 만족해하지 않는다.

Este é o garoto. Eu sempre penso neste garoto.
이쪽이 그 소년이야. 나는 항상 이 소년을 생각해.

→ **Este é o garoto em quem sempre penso.**
이쪽은 내가 항상 생각하는 그 소년이야.

Preocupo-me com minha irmã. Não recebo notícias de minha irmã há muito tempo.
나는 우리 언니를 걱정한다. 오랫동안 언니에 관한 소식을 받지 못했다.

→ **Preocupo-me com minha irmã, de quem não recebo notícias há muito tempo.**
오랫동안 언니의 소식을 받지 못해 언니가 걱정된다.

(3) o qual, os quais, a qual, as quais

선행사로 사람과 사물을 취할 수 있으며, 대신하는 명사의 성과 수에 따라 형태가 변화됩니다.

또한 사람을 선행사로 취할 경우 '전치사+quem'으로 바꿔 쓸 수 있습니다.

Os contratos os quais (que) ele assinou são importantes.
그가 서명한 계약서는 매우 중요하다.

A pessoa com a qual (com quem) falei deu-me informações importantes.
나와 이야기했던 사람이 나에게 중요한 정보를 주었다.

A casa na qual (onde, em que) eu moro tem 3 andares.
내가 사는 집은 3층짜리 건물이다.

2. 관계형용사와 관계부사

(1) onde

장소를 나타내는 말을 선행사로 취하는 관계부사입니다.

A casa é nova. Vou morar na casa. 그 집은 새 집이다. 나는 그 집에 살 것이다.

→ **A casa onde vou morar é nova.** 내가 살 집은 새 집이다.

Estava naquela rua. Naquela rua passavam os ônibus.
나는 저 길에 있었다. 저 길에는 버스가 지나다녔다.

→ Estava naquela rua onde passavam os ônibus.
나는 버스가 지나다니던 저 길에 있었다.

O hotel fica longe do centro da cidade. Vou me hospedar no hotel.
그 호텔은 시내 중심에서 멀다. 나는 그 호텔에 머물 것이다.

→ O hotel onde vou me hospedar fica londe do centro.
내가 머물 호텔은 시내 중심가에서 멀다.

(2) cujo, cujos, cuja, cujas

선행사의 소유를 나타내는 관계형용사로서 수식하는 명사의 성과 수에 일치시킵니다. 또한 선행사에 따라 de que, do qual, de quem으로 대신할 수 있습니다.

Cortaram as árvores. Os troncos das árvores estavam podres.
그들은 나무들을 베었다. 그 나무들의 뿌리는 썩어 있었다.

→ Cortaram as árvores cujos troncos estavam podres.
그들은 뿌리가 썩어 있는 나무들을 베었다.

A loja está sempre cheia. Os preços da loja são muito bons.
그 매장은 항상 사람들이 많다. 그 매장의 가격은 매우 저렴하다.

→ A loja cujos preços são muito bons está sempre cheia.
가격이 매우 저렴한 그 매장은 항상 사람들이 많다.

O prédio fica na rua principal. Os moradores do prédio reclamavam do barulho.
그 건물은 중심가에 위치해 있다. 그 건물의 거주자들은 소음에 불평했었다.

→ O prédio cujos moradores reclamavam do barulho fica na rua principal.
중심가에 위치한 건물의 거주자들은 소음에 불평했었다.

다음 대화를 듣고 따라 하세요.

Família de Cecília

As características pessoais da minha família.

O meu avô é rigoroso mas é carinhoso.

A minha avó é delicada e divertida.

O meu pai é trabalhador e honesto mas é impaciente.

A minha mãe é paciente e generosa.

A minha irmã mais velha é inteligente, sociável e ambiciosa.

O meu irmão mais novo é brincalhão mas é educado.

Eu sou generosa, educada, inteligente mas sou impaciente.

avô 할아버지　avó 할머니　delicada 섬세한, 연약한, 여린
velha 늙은, 나이가 든　novo 젊은, 나이가 어린
mas 그러나, 하지만　impaciente 성급한　família 가족
características 특징

01 다음 그림을 보고 각 주인공이 어떠한 성격(특징)을 가지고 있는지 써 보세요.

1.

Ela _________________ _____________________.

2.

Ele _________________ _____________________.

3.

Ela _________________ _____________________.

4.

Ele _________________ _____________________.

02 보기와 같이 관계대명사 'que'를 사용하여 다음 문장들을 연결해 보세요.

〈보기〉 Vimos o filme. Você tinha recomendado o filme.
→ Vimos o filme que você tinha recomendado.
우리는 네가 추천해 준 영화를 보았다.

1. O livro é caro. Eu comprei o livro.

____.

herdar 상속받다
rapaz 청년
funcionária 직원
firma 회사 calma 평온한
férias de verão 여름휴가

2. O carro era novo. Eles venderam o carro.

    ____ .

3. A casa é muito grande. Herdei a casa.

    ____ .

03 보기와 같이 전치사 + 관계대명사 'quem'을 사용하여 다음 문장들을 연결해 보세요.

> 〈보기〉 O rapaz é brasileiro. Trabalho com este rapaz.
> → O rapaz com quem trabalho é brasileiro.
> 나와 함께 일하는 청년은 브라질 사람이다.

1. A menina não gosta de mim. Eu gosto da menina.

    A menina de quem __________________________________ .

2. A funcionária é muito gentil. Pedi à funcionária as informações sobre o hotel.

    ____ .

3. Os tios são ricos. Ela mora com eles.

    ____ .

04 보기와 같이 관계부사 'onde'를 사용하여 다음 문장들을 연결해 보세요.

> 〈보기〉 A casa é velha. Vou morar na casa.
> → A casa onde vou morar é velha.
> 내가 살 집은 오래되었다.

1. A firma é muito grande. Vou trabalhar na firma.

    ____ .

2. A cidade é calma. Moramos nesta cidade.

    ____ .

3. O hotel fica no centro. Sempre passamos as férias de verão nesse hotel.

    ____ .

18

Sentimentos

감정

alegre	기쁜
ansioso	불안해 하는, 염려하는, 열망하는, 간절히 바라는,
bravo	화난
calmo	차분한
feliz	행복한
nervoso	불안해 하는, 초조해 하는, 신경이 과민한
preocupado	걱정하는, 염려하는
sereno	고요한, 평화로운
tranquilo	침착한, 신경이 쓰이지 않는, 안심되는, 평화로운
triste	슬픈
violento	폭력적인, 난폭한

1

M Oi, Cecília. Tudo bem?

F Não muito.

M O que você tem?

F Estou preocupada com o meu irmão.

M O que aconteceu com ele?

F Ele viajou para Europa na semana passada, mas não consigo falar com ele.

M Você já ligou para ele?

F Sim, várias vezes. Mas ninguém atende.

M Não se preocupe. Ele deve estar se divertindo muito e se esqueceu de te ligar.

F Espero que sim.

preocupada 걱정스러운, 염려되는
acontecer 일어나다, 발생하다, 벌어지다
semana passada 지난 주
conseguir 달성하다, 성취하다, 해내다
ligar 전화하다, 연결하다
várias vezes 여러 번
ninguém 아무도
atender (전화 등을) 받다

M 안녕, 쎄씰리아. 잘 지내?
F 별로.
M 왜 그래?
F 동생이 너무 걱정돼서.
M 동생에게 무슨 일 일어났어?
F 지난주에 유럽으로 여행갔는데 아직까지 연락이 안 돼서.
M 전화해 봤어?
F 응, 여러 번. 그런데 아무도 안 받아.
M 걱정하지 마. 너무 재미있게 놀고 있어서 전화하는 걸 잊었을 거야.
F 그랬으면 좋겠다.

기억하세요!

Preocupar-se 동사의 직설법 현재	접속법현재
Eu me preocupo	Eu me preocupe
Tu te preocupas	Tu te preocupes
Ele/ela/você se preocupa	Ele/ela/você se preocupe
Nós nos preocupamos	Nós nos preocupemos
Vós vos preocupais	Vós vos preocupeis
Eles/elas/vocês se preocupam	Eles/elas/vocês se preocupem

2

F Oi, Denis. Fiquei sabendo que você arrumou um emprego.

M Sim, amanhã é o meu primeiro dia de trabalho.

F E você está ansioso?

M Na verdade não. Estou tranquilo.

F Estou muito alegre por você conseguir um emprego tão rápido.

M Obrigado.

arrumar 마련하다, 정리하다
emprego 직장
primeiro 첫 번째
trabalho 일
conseguir 얻다
tão 매우
rápido 빨리

F 안녕, 데니스. 네가 직장 구했다는 소식 들었어.
M 응, 내일이 첫 출근이야.
F 설레니?
M 아니. 괜찮아.
F 네가 이렇게 빨리 직장을 구해서 매우 기뻐.
M 고마워.

기억하세요!

★ **Ficar sabendo que ~** '~을 알게 되었다'

Ela ficou sabendo que ela está com câncer.
그녀는 자신이 암에 걸린 것을 알게 되었다.

Eu fiquei sabendo que ela passou na prova.
나는 그녀가 그 시험에 통과한 것을 알게 되었다.

Nós ficamos sabendo que as férias de verão começarão no dia 20 de dezembro.
우리는 여름방학이 12월 20일에 시작된다는 것을 알게 되었다.　　※ 브라질은 12월에 여름 방학입니다.

★ **Ficar** '남다, 머무르다, ~있다, 하다' 동사의 직설법 현재

Eu fico	Tu ficas	Ele/ela/você fica
Nós ficamos	Vós ficais	Eles/elas/vocês ficam

3

M Que cara é essa, Cecília?

F Estou muito brava.

M O que aconteceu?

F Briguei com meu namorado.

M Fique calma. Por que vocês brigaram?

F Porque marcamos de assistir a um filme hoje à tarde, mas eu cheguei atrasada por causa do trânsito. E ele ficou bravo comigo, e nós acabamos brigando.

M Espero que vocês se entendam logo.

cara 얼굴
brigar 싸우다
namorado 애인 (남자친구)
atrasada 늦은
por causa de ~때문에
trânsito 교통(량)
entender 이해하다,
　화해하다

M 쎄씰리아, 얼굴 표정이 왜 그래?
F 너무 화나서.
M 무슨 일인데?
F 남자친구랑 싸웠어.
M 진정해. 왜 싸웠는데?
F 오늘 오후에 영화 보기로 약속했었는데, 차가 밀려서 내가 좀 늦었거든.
　그랬더니 나한테 화내서 결국엔 싸우고 말았지.
M 곧 화해하길 바랄게.

기억하세요!

★ 감정을 표현할 때에는 [estar/ ficar + (감정을 나타내는) 형용사]를 사용합니다.
현재 자신의 감정을 표현할 때: estar + (감정을 나타내는) 형용사
Eu estou alegre. 나는 기쁘다.
Ela está triste. 그녀는 슬프다.

'~때문에' 감정이 이러한 상태로 변화한다는 것을 표현할 때: ficar + (감정을 나타내는) 형용사
Eu fico alegre quando alguém me dá presentes.
나는 누군가가 나에게 선물을 줄 때 기쁘다.
Ela fica nervosa quando um estranho vem falar com ela.
그녀는 낯선 사람이 그녀에게 말을 걸면 불안해진다.

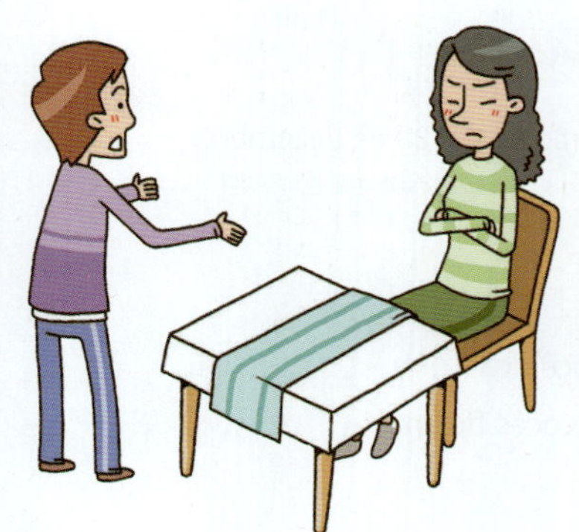

4

M Cecília, gostaria de te convidar para meu casamento.

F Parabéns, Estevam. E quando você vai se casar?

M Na semana que vem.

F Você deve estar muitíssimo ansioso.

M Na verdade, estou muito nervoso e ao mesmo tempo muito feliz.

F Também fico feliz por você. Desejo a você muitas felicidades.

M Obrigado. Você vem no casamento?

F Claro.

M Então te vejo lá.

convidar 초대하다
casamento 결혼식
parabéns 축하해
felicidade 행복
desejar 소망하다, 희망하다

M 쎄씰리아, 너를 내 결혼식에 초대하고 싶어.
F 에스떼반, 축하해. 언제 결혼하는 거야?
M 다음 주에.
F 지금 너는 매우 설레겠다.
M 사실은, 좀 많이 떨리긴 하지만 너무 행복해.
F 네가 그렇다니 나도 기쁘다. 행복하길 빌어.
M 고마워. 결혼식에 올 거니?
F 당연하지.
M 그럼 거기서 보자.

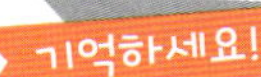

기억하세요!

★ 각종 행사

결혼식 casamento
약혼식 noivado
졸업식 formatura
생일 aniversário
크리스마스 Natal
새해 Ano Novo

Rogério	Ji-yeon, você já reservou sua passagem?
Ji-yeon	Ainda não. Vou reservar amanhã.
Rogério	Estou muito triste porque você vai embora.
Ji-yeon	Não fique triste. Vou voltar nas férias de verão no ano que vem.
Rogério	Tá bom.
Ji-yeon	Eu estou preocupada de não conseguir a passagem para voltar.
Rogério	Não se preocupe. Deve ter vaga.
Ji-yeon	Espero que tenha.

호제리오	지연, 벌써 비행기표 예매했어?
지연	아직 안 했어. 내일 하려고.
호제리오	네가 가서 너무 슬퍼.
지연	슬퍼하지 마. 내년 여름휴가 때 다시 올게.
호제리오	알았어.
지연	그런데 가는 비행기표 예매 못 할까 봐 걱정된다.
호제리오	걱정하지마. 좌석 있을 거야.
지연	그러길 바란다.

reservar 예약하다 passagem 승차권, 항공권
ir embora 돌아가다 vaga 빈자리, 공석, 공간
esperar 기다리다, 기대하다

★ esperar que ~ '~을 기대하다, 바라다'

Espero que você volte no ano que vem. 나는 네가 내년에 돌아오길 바란다.

Esperamos que você passe na prova. 우리는 네가 그 시험에 합격하길 바란다.

Ela espera que ele esteja bem. 그녀는 그가 잘 있길 바란다.

01 접속법 현재

접속법 현재는 소망, 요구, 명령, 기대, 의심, 감정 등을 나타내는 문장에 쓰이며, 기본적으로 종속절에 사용됩니다.

1. 접속법 현재 규칙동사들의 인칭별 변화

규칙동사들의 접속법 현재의 인칭별 변화는 동사의 어미 -ar, -er, -ir을 제거하고 다음과 같이 인칭별로 덧붙여 줍니다.

-ar 동사: –e, –es, –e, –emos, –eis, –em

-er/-ir 동사: –a, –as, –a, –amos, –ais, –am

Morar (살다)	Escolher (선택하다)	Dormir (자다)
Eu more	Eu escolha	Eu durma
Tu mores	Tu escolhas	Tu durmas
Ele/ela/você more	Ele/ela/você escolha	Ele/ela/você durma
Nós moremos	Nós escolhamos	Nós durmamos
Vós moreis	Vós escolhais	Vós durmais
Eles/elas/vocês morem	Eles/elas/vocês escolham	Eles/elas/vocês durmam

2. 자주 쓰이는 불규칙동사들의 인칭별 변화

Estar (~하다)	Ser (~이다)	Ter (가지다)
Eu esteja	Eu seja	Eu tenha
Tu estejas	Tu sejas	Tu tenhas
Ele/ela/você esteja	Ele/ela/você seja	Ele/ela/você tenha
Nós estejamos	Nós sejamos	Nós tenhamos
Vós estejais	Vós sejais	Vós tenhais
Eles/elas/vocês estejam	Eles/elas/vocês sejam	Eles/elas/vocês tenham

3. 요구, 명령

Exijo que você trabalhe mais horas. 나는 네가 더 긴 시간 동안 일하길 요구한다.

Proíbo que você fume aqui. 나는 네가 여기서 담배 피우는 것을 금한다.

Quero que você venda seu carro. (명령, 소망) 나는 네가 너의 차를 팔길 원해.

Quero que você venha aqui agora. (명령, 소망) 당장 네가 이곳으로 오길 원한다.

4. 소망

Tomara que ela volte cedo. 그녀가 일찍 돌아왔으면 좋겠다.

Tomara que chova amanhã. 내일 비가 내렸으면 좋겠다.

O que você quer que eu faça? 너는 내가 어떻게 하길 바라니?

Eu prefiro que você esqueça o caso. 나는 네가 그 사건을 잊길 바란다.

5. 감정, 기대

Lamento que você não possa vir à festa.
네가 파티에 못 오게 된 것을 정말 안타깝게 생각해.

Espero que todos se divirtam. 모두 즐겁게 놀길 바란다.

Talvez hoje seja nosso dia de sorte.
어쩌면 오늘이 우리에게 운 좋은 날일지도 몰라.

Espero que ele esteja em casa. 그가 집에 있길 바란다.

6. 의심

Duvido que ele passe na prova. 그가 그 시험에 통과할지 의심스러워.

Não estou certo de que ele venha. 그가 온다는 게 확실치 않아.

Não acredito que ele tenha comprado meu presente.
그가 내 선물을 샀을 거라 믿지 않아.

Duvido que ele aceite meu convite. 그가 내 초대를 받아줄지 잘 모르겠어.

다음 대화를 듣고 따라 하세요.

01
Eu estou nervosa.

Ele está calmo.

Nós estamos tranquilos.

Eles estão bravos.

Ela está ansiosa.

02
M Quando você fica preocupada?

F Fico muito preocupada quando não consigo falar com meu pai ao telefone.

M Quando você fica nervosa?

F Fico nervosa quando alguém fala mal da minha família.

M Quando você fica alegre?

F Fico alegre quando alguém me dá presente.

M Quando você fica triste?

F Fico triste quando alguém da minha família está doente.

M Quando você fica brava?

F Quando alguém mente para mim.

M O que você faz quando está brava?

F Eu faço compras.

M   O que você faz quando está feliz?

F   Eu canto músicas e converso com meus amigos.

M   O que você faz quando está triste?

F   Fico em casa e escrevo no diário.

doente 아픔, 환자   mentir 거짓말하다   diário 일기
compras 쇼핑   cantar 노래 부르다   presente 선물, 현재
falar mal 나쁘게 말하다   conversar 대화를 나누다

01 다음 질문들에 답하세요.

1. Quando você fica alegre?

   ____.

2. Quando você fica triste?

   ____.

02 다음 빈칸에 동사의 접속법 현재로 채우고 번역해 보세요.

1. (andar) Quero que você ________________ mais depressa.

   ____.

2. (comprar) Desejamos que vocês ________________ logo o carro.

   ____.

3. (partir) Prefiro que ela ________________ sem se despedir.

   ____.

4. (fazer) Peço que vocês não ________________ barulho.

   ____.

5. (poder) Tomara que você ________________ voltar nesta semana.

   ____.

6. (trazer) Duvido que estas cartas ________________ boas notícias.

   ____.

7. (mudar) Não acho que eles ________________ de idéia.

   ____.

8. (aceitar) Espero que você ________________ a minha proposta.

   ____.

9. (lembrar-se) Duvido que ela ________________ do compromisso.

   ____.

10. (entender) Duvido que vocês me ________________.

   ____.

11. (falar) Duvido que ele ________________ a verdade.

   ____.

12. (vir) Quero que você ________________ amanha.

   ____.

13. (esperar) Peço-lhes que me ________________ até às 5 horas da tarde.

   ____.

14. (comer) A mãe quer que o filho ________________tudo.

   ____.

15. (ter) Espero que você ________________ dormido bem.

   ____.

andar 걷다 querer 원하다 depressa 빨리 logo 곧, 머지않아, 빨리
preferir 선호하다 despedir (작별인사)하다 pedir 부탁하다
barulho (시끄러운) 소리 voltar 돌아오다, 돌아가다 trazer 가져오다
notícias 소식 mudar 바꾸다 aceitar 받아들이다 proposta 제안
compromisso 약속 entender 이해하다 duvidar 의심하다
verdade 진실 dormir 자다

19
Na cidade

시내에서

banco	은행
cinema	극장
correio	우체국
farmácia	약국
livraria	서점
padaria	베이커리
parque	공원
posto de gasolina	주유소
restaurante	레스토랑
shopping center	백화점
supermercado	마트

1

F Com licença. Onde fica o correio?

M Fica na Avenida Paulista.

F Como posso chegar lá?

M Você sabe onde fica o Shopping Paulista? O correio fica em frente do shopping.

F Não, eu não sei. Você poderia me explicar?

M Siga direto em frente e vire à esquerda no semáforo. Então você vai ver o correio.

F Muito obrigada.

M De nada.

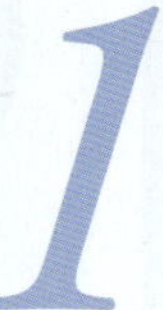

com licença 실례합니다
avenida ~가, 길
em frente de ~ 앞에
explicar 설명하다
siga 따라가다
direto 곧바로
vire 돌다
esquerda 왼쪽
semáforo 신호등

F 실례합니다. 우체국이 어디 있나요?
M 빠울리스따가에 있습니다.
F 어떻게 가야 하죠?
M 빠울리스따 백화점이 어디에 있는지 아시죠? 우체국은 백화점 앞에 있습니다.
F 아니요. 모릅니다. 설명 좀 해 주시겠어요?
M 앞으로 쭉 가서서 신호등에서 좌회전하세요. 그러면 우체국이 보이실 거예요.
F 매우 감사합니다.
M 천만에요.

★ Direções 방향
ao lado de '~옆에'
atrás de '~뒤에'
em cima de '~위에'
em frente de '~앞에'
embaixo de '~아래'
longe de '~멀리'
perto de '~가까이'

2

M Com licença. Onde fica a livraria Saraiva?

F A livraria fica ao lado do cinema.

M Como posso chegar lá?

F Você vai a pé?

M Sim, vou a pé.

F Fica um pouco longe daqui. É melhor você pegar um táxi.

M Não tudo bem. Vou andando devagar.

F Então, ande por dois quarteirões, vire à direita e siga em frente. E você vai ver a livraria ao lado do cinema.

M Muito obrigado.

F De nada.

longe 멀리
daqui 여기서
quarteirões 블록
à direita 오른쪽
correio 우체국
andar 걷다

M 실례합니다. 사라이바 서점은 어디 있나요?
F 서점은 극장 옆에 있습니다.
M 어떻게 가야 하죠?
F 걸어서 가시나요?
M 예, 걸어갈 거예요.
F 여기서는 조금 멀어요. 택시 타시는 게 좋을 것 같네요.
M 아닙니다, 괜찮습니다. 천천히 걸어가면 됩니다.
F 그러면 두 블록 가셔서 오른쪽으로 꺾어서 앞으로 가세요.
그러면 극장 옆에 서점이 보이실 거예요.
M 매우 감사합니다.
F 천만에요.

★ 화장실 위치 묻기

Com licença, onde fica o banheiro?
실례합니다, 화장실은 어디 있나요?

O banheiro fica no final do corredor.
화장실은 복도 끝에 있습니다.

3

F   Com licença. Onde fica o supermercado Carrefour?

M   O Carrefour fica na interseção da Avenida Madalena.

F   Como posso chegar lá?

M   Fica longe daqui. É melhor você pegar o metrô e descer na Estação Madalena. Assim que você sair da estação você vai ver o supermercado.

F   Obrigada.

M   De nada.

interseção 사거리
longe 멀리
decer 내리다
assim que ~하자마자

F   실례합니다. 까르푸 마트는 어디 있나요?
M   까르푸는 마달레나가 사거리에 있습니다.
F   어떻게 가야 하죠?
M   여기서 멀어요. 전철을 타서 마달레나역에서 내리시는 게 좋을 거예요. 역에서 나가자마자 마트가 보이실 거예요.
F   감사합니다.
M   천만에요.

★ **Assim que** '〜하자마자'

Assim que eu começar a trabalhar vou comprar um carro.
나는 취직하자마자 차를 살 것이다.

Assim que ela saiu de casa começou a chover.
그녀가 집에서 나가자마자 비가 내리기 시작했다.

★ 대중교통 이용장소

aeroporto 공항   **estação de metrô** 전철역
estação de trem 기차역   **ponto de ônibus** 버스 정류장
ponto de táxi 택시 승차장   **rodoviária** 버스 터미널

4

M Com licença. Você sabe onde fica a farmácia?

F A farmácia fica atrás da prefeitura.

M Como posso chegar à farmácia?

F Siga esta rua e quando você vir a Padaria Cecília vire à direita.

M Fica muito longe daqui?

F Não, fica perto daqui. Uns 10 minutos a pé.

M Muito obrigado.

F De nada.

prefeitura 시청
padaria 베이커리

M 실례합니다. 약국이 어디 있는지 아시나요?
F 약국은 시청 뒤에 있어요.
M 약국에 어떻게 가야 하죠?
F 이 길을 따라가시다가 쎄씰리아 베이커리를 보시면 오른쪽으로 꺾으세요.
M 여기서 머나요?
F 아니요, 여기서 가까워요. 걸어서 약 10분 정도 걸릴 거예요.
M 매우 감사합니다.
F 천만에요.

★ 대략적인 시간을 말할 때 부정관사의 복수형 uns와 umas를 사용합니다.

uns 10 minutos 약 10분

umas 2 horas 약 2시간

여기서 minutos(분)는 남성명사이기 때문에 부정관사 um이 사용되고, horas(시)는 여성 명사이므로 부정관사 umas가 쓰입니다.

Vou demorar umas 2 horas para chegar em casa.
내가 집에 도착하려면 2시간 정도 걸릴 것이다.

Ele esperou por mim uns 10 minutos. 그는 나를 약 10분 정도 기다렸다.

★ 기타 자주 찾는 장소들

biblioteca 도서관	dentista 치과
hospital 병원	prefeitura 시청
restaurante 레스토랑	salão de beleza 미용실

Ji-yeon	Rogério, você sabe onde fica o Banco do Brasil?
Rogério	Tem um Banco do Brasil na Avenida Tiradentes.
Ji-yeon	Como posso chegar lá?
Rogério	Pega esta rua e na esquina você vai ver o correio. Então vira à direita e vai reto.
Ji-yeon	Obrigada.
Rogério	Aliás, você já fez suas malas?
Ji-yeon	Ainda não. Vou fazer depois de comprar alguns presentes para minha família.
Rogério	Se você quiser posso ir com você comprar presentes.
Ji-yeon	Claro que quero.

지연	호제리오, 브라질은행이 어디 있는지 알아?
호제리오	브라질은행은 치라덴치스가에 있어.
지연	거기 어떻게 갈 수 있어?
호제리오	이 길로 가면 코너에 우체국이 보일 거야. 그러면 오른쪽으로 꺾어서 쭉 가면 돼.
지연	고마워.
호제리오	그나저나, 짐은 쌌어?
지연	아직 안 쌌어. 가족들에게 줄 선물 몇 개 사고 나서 싸려고.
호제리오	네가 원하면 선물 사러 같이 가 줄게.
지연	나야 당연히 좋지.

chegar 도착하다　lá 거기　ver 보다
malas 짐, 가방　comprar 사다　aliás 그나저나

기억하세요!

★ 길 묻기

Como posso chegar a~? ~에 어떻게 가나요?

Como posso chegar ao Banco do Brasil? 브라질 은행에 도착하려면 어떻게 가야 되죠?

Direção 방향

direita 오른쪽	esquerta 왼쪽
frente 앞	atrás 뒤

01 접속법 불완전과거

접속법 불완전과거는 접속법 현재와 같이 소망, 요구, 명령, 감정, 의심 등을 표현하기 위해 사용됩니다. 주절의 동사의 시제가 과거시제(불완전과거, 완전과거, 과거완료)일 경우 종속절에는 접속법 불완전과거시제가 쓰이며 주절의 동사의 시제가 현재이면 종속절에는 접속법 현재시제가 사용됩니다.

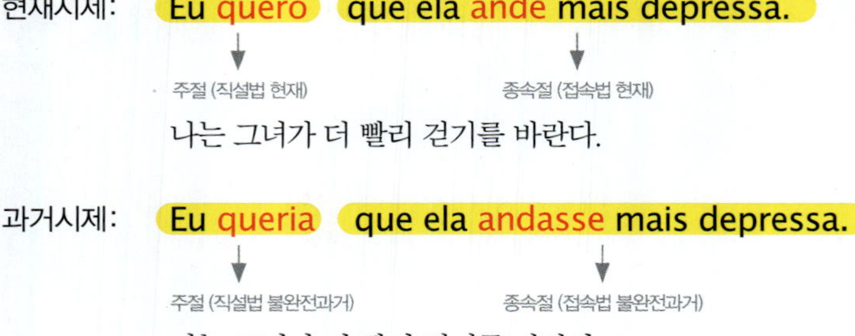

1. 접속법 불완전과거 규칙동사들의 인칭별 변화

규칙동사들의 접속법 불완전과거의 인칭별 변화는 직설법 완전과거 3인칭 복수형에서 어미 -ram을 제거하고 다음의 어미들을 인칭별로 덧붙여 줍니다.

-ar/er/-ir 동사: -sse, -sses, -sse, -ssemos, -sseis, -ssem

＊ -ar과 -ir 동사들의 1인칭과 2인칭 복수에는 강음부호 (´)가 붙습니다.

-ar 동사

1인칭 복수 morássemos
2인칭 복수 morásseis

-ir 동사

1인칭 복수 dormíssemos
2인칭 복수 dormísseis

일반적으로 -er 동사에는 강음부호 (^)가 붙습니다.

-er 동사

1인칭 복수 êssemos

2인칭 복수 êsseis

Morar (살다)	Escolher (선택하다)	Dormir (자다)
직설법. 완전과거 3인칭 복수)	직설법. 완전과거 3인칭 복수)	직설법. 완전과거 3인칭 복수)
moraram	escolheram	dormiram
morasse	escolhesse	dormisse
morasses	escolhesses	dormisses
morasse	escolhesse	dormisse
morássemos	escolhêssemos	dormíssemos
morásseis	escolhêsseis	dormísseis
morassem	escolhessem	dormissem

2. 자주 쓰이는 불규칙 동사들의 인칭별 변화

Estar (~하다)	Ser (~이다)	Ter (가지다)
estivesse	fosse	tivesse
estivesses	fosses	tivesses
estivesse	fosse	tivesse
estivéssemos	fôssemos	tivéssemos
estivésseis	fôsseis	tivésseis
estivessem	fossem	tivessem

Ele nos pediu que não fumássemos.
그는 우리에게 담배를 피우지 말라고 부탁했다.

Ela não deixou que eles saíssem.
그녀는 그들을 나가지 못하게 했다.

Tive medo de que você não voltasse.
나는 네가 돌아오지 않을까 봐 두려웠다.

Duvidei que você comprasse aquele carro.
나는 네가 그 차를 산다는 것을 의심했었다.

Eu preferia que todos ficassem quietos.
나는 모두 조용했으면 했다.

Fiquei triste que eles não me escutassem.
나는 그들이 내 말을 듣지 않아 속상했다.

Era importante que ela também viesse.
그녀도 오는 것이 중요했다.

Ela queria comprar uma casa que tivesse piscina.
그녀는 수영장이 있는 집을 사길 원했다.

Fizemos tudo para que ele conseguisse o emprego.
우리는 그를 취직시키기 위해 최선을 다했다.

Ela queria que eu ficasse aqui.
그녀는 내가 이곳에 남기를 원했다.

듣기

다음 대화를 듣고 따라 하세요.

M Cecília? Você aqui, neste supermercado?

F Oi, Denis. Estou morando perto daqui.

M Sério?

F Sim, agora somos vizinhos.

M Que bom! Você está morando no mesmo prédio onde eu moro?

F Não. Estou morando no apartamento que fica ao lado do seu prédio.

M E você está gostando daqui?

F Sim. O meu apartamento não é muito grande. Tem dois quartos pequenos, uma sala, cozinha, banheiro e quarto de empregada. Mas o bairro é ótimo.

M É verdade. Aqui tem estação de metrô, ponto de ônibus, supermercados, correio e várias igrejas.

F Pois é. Só falta um shopping center.

---

estou morando ~에 살고 있는 중이다　sério? 진짜?
que bom! 잘됐다!　vizinhos 이웃　apartamento 아파트
quarto 방　sala 거실　cozinha 부엌　banheiro 화장실
empregada 가정부　igreja 교회　prédio 건물　bairro 동네

Fale sobre o seu bairro. Você gosta do seu bairro? Explique o por quê?
당신이 사는 동네에 대해 말해 보세요. 당신이 사는 동네를 좋아하는 이유를 설명해 보세요.

01   그림을 보고 다음 질문들에 답하세요.

1. Como posso ir ao shopping center?

   ____.

2. Como posso ir ao correio?

   ____.

3. Como posso ir ao salão de beleza?

   ____.

4. Como posso ir ao posto de gasolina?

   ____.

5. Como posso ir ao cinema?

   ____.

02 다음 동사들을 각 인칭에 따라 접속법 불완전과거로 변화시켜 보세요.

Gostar	Comer	Dormir
Eu _______________	Eu _______________	Eu _______________
Tu _______________	Tu _______________	Tu _______________
Ele_______________	Ele_______________	Ele_______________
Nós_______________	Nós_______________	Nós_______________
Vós_______________	Vós_______________	Vós_______________
Eles_______________	Eles_______________	Eles_______________

Fazer	Pedir	Ser
Eu _______________	Eu _______________	Eu _______________
Tu _______________	Tu _______________	Tu _______________
Ele_______________	Ele_______________	Ele_______________
Nós_______________	Nós_______________	Nós_______________
Vós_______________	Vós_______________	Vós_______________
Eles_______________	Eles_______________	Eles_______________

03 듣기편의 대화를 듣고 답하세요.

1. O que tem no bairro onde a Cecília mora?

   ____.

2. O que não tem no bairro onde a Cecília mora?

   ____.

3. Há quantos quartos no apartamento de Cecília?

   ____.

HOTEL
information

20

Reservas

예약

internet	인터넷
ar condicionado	에어컨
café da manhã	아침 식사
cofre	금고
despertador	알람
quarto duplo	트윈 룸
sala de reunião	회의실
serviço de quarto	룸 서비스
suíte	스위트룸
telefone	전화
tv a cabo	케이블 tv

기본회화

1

F   Boa tarde. O que posso ajudar?

M   Gostaria de reservar um quarto.

F   Para quando o senhor deseja reservar?

M   Para 5 de junho.

F   Quanto tempo o senhor vai ficar?

M   3 dias.

F   Quantas pessoas vão se hospedar no quarto?

M   Vou ficar no quarto sozinho.

F   O senhor deseja um quarto para fumantes ou não-fumantes?

M   Não-fumantes, por favor. E também quero um quarto com tv a cabo e internet.

F   Sim, senhor. Está reservado. Muito obrigado.

reservar 예약하다
quarto 방, 객실
hospeda–se 머물다
sozinho 혼자
fumantes 흡연자
não–fumantes 비흡연자

F   안녕하세요. 무엇을 도와 드릴까요?
M   한 개의 객실을 예약하려고 합니다.
F   어느 일자로 예약하길 원하시나요?
M   6월 5일로요.
F   얼마나 머무르실 거죠?
M   3일이요.
F   객실에 몇 분이나 머무르실 겁니까?
M   혼자 있을 겁니다.
F   흡연실과 비흡연실 중에 어느 객실을 원하시나요?
M   비흡연실이요. 그리고 케이블 tv와 인터넷이 가능한 방을 원합니다.
F   예, 알겠습니다. 예약되었습니다. 매우 감사합니다.

기억하세요!

★ Hospedar 동사는 '머물게 하다, 손님을 자신에 집에 초대하여 대접하다'의 뜻의 타동사이므로 상대방이 아닌 자신이 어느 곳에 머문다고 표현하기 위해서는 재귀대명사를 함께 써 줘야 합니다.

Eu hospedei a Maria em minha casa na semana passada.
나는 지난주에 마리아를 우리 집에 머물게 했다.

Eu me hospedei no Hotel Paulista durante dois meses.
나는 빠올리스따 호텔에서 2달간 머물렀다.

(8과 문법편 재귀대명사 참조)

2

M Bom dia. Gostaria de fazer uma reserva.

F Qual é o nome completo do senhor?

M Meu nome é Denis Cabral.

F Para que dia o senhor gostaria de fazer a reserva?

M Gostaria de reservar para 15 de abril até 20 de abril.

F E quantas pessoas vão se hospedar no quarto?

M 2 pessoas. E qual é o valor da diária?

F 200 dólares.

M Por acaso, você tem um quarto mais barato do que esse?

F Não, senhor. Este é o mais barato que temos. Gostaria de completar a reserva agora?

M Sim, por favor.

F Obrigada. O quarto está reservado em seu nome.

---

completo 완료, 완성, 전체
até ~까지
valor 금액, 가치
diária 하루, 일
barato 값이 싼, 저렴한
completar 완료하다, 완성하다
agora 지금

M 안녕하세요. 예약을 하려고 합니다.
F 성함이 어떻게 되시죠?
M 제 이름은 데니스 카브랄입니다.
F 예약은 언제로 하시겠습니까?
M 4월 15일부터 4월 20일까지 예약하길 원합니다.
F 객실에는 몇 분이나 머무르실 겁니까?
M 2명이요. 하루 숙박비가 어떻게 되죠?
F 200 달러입니다.
M 혹시 이보다 더 저렴한 방이 있나요?
F 아니요, 이게 가장 저렴한 객실입니다. 지금 예약 완료 하시겠습니까?
M 예, 그렇게 해 주세요.
F 감사합니다. 데니스 씨 성함으로 예약이 완료되었습니다.

기억하세요!

★ [mais + 형용사 + do que] 'A는 B보다 더 ~하다'

Esta saia é mais barata do que aquela. 이 치마는 저 치마보다 저렴하다.
Eu sou mais rica do que a Maria. 나는 마리아보다 더 부유하다.

3

F Boa tarde, senhor. Em que posso ajudar?

M Eu tenho uma reserva. Meu nome é Denis Cabral.

F Posso ver seu documento de identificação, por favor?

M Sim, aqui está.

F Obrigada. A sua reserva está confirmada. O seu quarto é 508. Aqui está a chave. Se precisar de alguma coisa, é só discar o '0' no telefone do quarto.

M Obrigado.

---

documento de
  identificação 신분증
chave 열쇠
se 만약
precisar 필요하다
telefone 전화
discar (전화 번호 등을)
  누르다

F 안녕하세요. 무엇을 도와 드릴까요?
M 예약을 했습니다. 제 이름은 데니스 카브랄입니다.
F 신분증 좀 보여 주시겠습니까?
M 예, 여기 있습니다.
F 감사합니다. 예약이 확인되었습니다. 508호실입니다.
    필요하신 게 있으시면 객실에 있는 전화로 '0'번을 누르시면 됩니다.
M 감사합니다.

기억하세요!

★ ajudar 동사가 '～하는 것을 돕다'의 의미로 쓰일 때에는 반드시 전치사 'a'를 수반합니다.

ajudar a + 동사원형 ～하는 것을 돕다

예 O pai ajudou-o a preparar o jantar. 아빠는 그가 저녁식사 준비하는 것을 도왔다.
Eu ajudo a mãe a limpar a casa. 나는 엄마가 집 청소하는 것을 돕는다.

★ Ajudar 동사의 직설법현재의 인칭별 변화
ajudo
ajudas
ajuda
ajudamos
ajudais
ajudam

M Boa tarde, senhora. Em que posso ajudar?

F Gostaria de cancelar a reserva que fiz no início da semana.

M Qual é o nome completo da senhora?

F Meu nome é Cecília Mendonça.

M Qual é o número do seu telefone?

F O meu número é 019-7583-9521.

M Sim, um momento. Agora sua reserva está cancelada.

F Muito obrigada.

---

ligar 전화하다, 연결하다
cancelar 취소하다
início 초(반), 시작
número 번호

M 안녕하세요. 무엇을 도와 드릴까요?
F 이번 주 초에 한 예약을 취소하고 싶습니다.
M 성함이 어떻게 되시죠?
F 제 이름은 쎄씰리아 맨동싸입니다.
M 전화번호가 어떻게 되시죠?
F 제 번호는 019-7583-9521입니다.
M 예, 잠시만요. 이제 예약이 취소되었습니다.
F 매우 감사합니다.

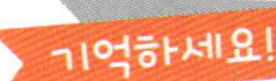
기억하세요!

★ [Gostaria de + 동사원형 ～?] '～하시겠습니까?'
Gostaria de tomar um copo de cerveja? 맥주 한잔 하시겠습니까?

★ [Poder + 동사원형] '～할 수 있다'
Poder 동사는 '할 수 있다'의 뜻으로 기본적으로 조동사로 사용되며 뒤에는 동사의 원형이 나옵니다.
Eu posso dirigir aquele carro. 나는 저 차를 운전할 수 있다.
–Ela pode ir ao shopping center comigo? 그녀는 나와 함께 백화점에 가도 되나요?
–Sim, pode. 네, 됩니다.

Rogério	Ji-yeon, você já reservou sua passagem?
Ji-yeon	Resevei ontem. Assim que nós voltamos do shopping center.
Rogério	A que horas você vai partir?
Ji-yeon	Amanhã às 7 horas da noite.
Rogério	Eu vou te acompanhar até o aeroporto.
Ji-yeon	Obrigada.
	(no dia seguinte no aeroporto)
Ji-yeon	Rogério, foi muito bom te conhecer. Você é um ótimo amigo. Me diverti muito graças a você.
Rogério	Você também é muito especial. Se eu tivesse férias, iria passar algumas semanas na Coreia.
Ji-yeon	Eu adoraria se você viesse à Coreia.
Rogério	Vou sentir saudades. Até a próxima vez.
Ji-yeon	Eu também vou sentir saudades. Tchau.

호제리오	지연, 비행기표 예약했어?
지연	응, 어제 했어. 백화점에서 돌아오자마자 예약했어.
호제리오	몇 시에 떠나?
지연	내일 저녁 7시.
호제리오	공항에 같이 가 줄게.
지연	고마워.
	(다음날 공항에서)
지연	호제리오, 만나서 매우 반가웠어. 너는 참 좋은 친구야. 네 덕분에 즐거웠어.
호제리오	너도 아주 특별한 친구야. 만약 내가 휴가가 있다면, 한국에서 몇 주를 보낼 수 있었을 텐데.
지연	네가 한국에 온다면 나는 매우 기쁠 거야.
호제리오	보고 싶을 거야. 다음에 보자.
지연	나도 보고 싶을 거야. 안녕.

passagem 승차권, 비행기 표   acompanhar 동반하다, 동행하다
conhecer 만나다, 알다   divertir-se 즐기다   graças a ~ 덕분에
férias 휴가   adorar 아주 좋아하다, 흠모하다, 사모하다
próxima 다음   saudades 보고 싶은, 그리운

기억하세요!

★ 가정법

[Se + 주어+ 접속법 불완전과거~, 주어 + 직설법 과거미래] ~'만일 ~하면, ~할 텐데'

Se eu tivesse férias de inverno, iria passar algumas semanas na Coreia.
만일 겨울 휴가가 있었다면 한국에서 몇 주 보낼 텐데.

(20과 문법편 가정법 참조)

01 가정법 현재

1. 가정법 현재의 용법과 어순

가정법 현재는 현재나 미래의 사실에 반대되는 상황을 가정할 때 쓰입니다.

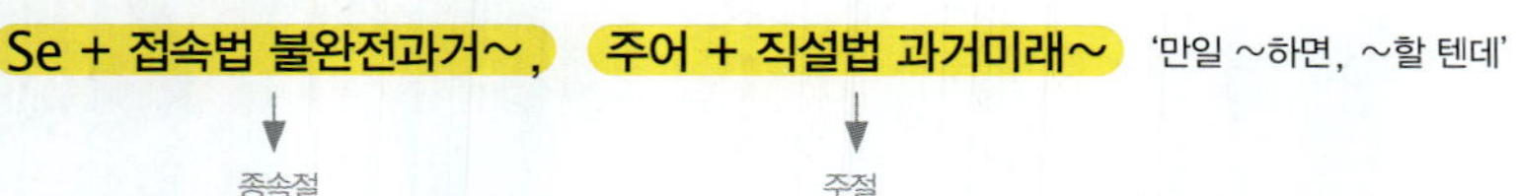

Se eu estivesse em férias, dormiria até mais tarde.
만일 휴가 중이라면 더 늦게까지 잘 텐데.

위 예문과 같이 종속절이 주절 앞에 오면 종속절 뒤에 쉼표 (,)를 붙이고, 주절이 앞에 오면 쉼표를 붙이지 않습니다.

Eu não faria isso   se fosse você.   내가 너라면 그것을 하지 않을 텐데.
주절   종속절

Se ele aumentasse meu salário, trabalharia até mais tarde.
그가 내 급여를 올려 준다면 더 늦게까지 일할 텐데.

Se eu tivesse muito dinheiro, compraria aquela casa.
내가 돈이 많다면 저 집을 살 수 있을 텐데.

Se eu tivesse muito tempo, aprenderia italiano.
내가 시간이 많다면 이탈리어를 배울 텐데.

Eu sairia se não estivesse frio.
춥지 않다면 나갈 수 있을 텐데.

Iria à praia agora se eu tivesse um carro.
차가 있다면 지금 해변으로 갈 텐데.

다음 대화를 듣고 따라하세요.

M　Alô, Hotel Mariotti. Como posso ajudar?

F　Oi, eu gostaria de fazer uma reserva.

M　Só um momento, por favor. Para qual dia a senhora gostaria de fazer a reserva?

F　Para 25 de junho.

M　Quantos dias a senhora vai se hospedar?

F　Vou ficar 3 dias. Qual é o valor da diária?

M　90 dolares por noite. A senhora gostaria de reservar agora?

F　Sim, por favor.

M　Qual é o nome completo da senhora?

F　O meu nome é Cecília de Oliveira.

M　Como a senhora deseja pagar?

F　Vou pagar com cartão de crédito.

M　Número do cartão, por favor.

F　4111-2354-5231-7498.

M　Data de validade, por favor.

F　1 do 9 de 2012.

M　Está reservado. Obrigado.

cartão de crédito 신용카드
data de validade 유효 기간

01 다음 빈 칸을 알맞게 채워 보세요.

1. (estar / ajudar) Se ela ____________ aqui, ela nos ____________.

2. (gostar / namorar) Se ele ____________ de mim, eu o ____________.

3. (gastar / ter) Se ela ____________ menos dinheiro, ela ____________ mais dinheiro no banco.

4. (dançar / aceitar) Eu ____________ com ela se ela ____________.

5. (viajar / ter) Eu ____________ a Europa se eu ____________ bastante tempo.

02 다음 동사들을 사용하여 가정문을 만들어 보세요.

1. (ter tempo / viajar) ________________________________.

2. (ter dinheiro / comprar) ________________________________.

3. (poder / comer) ________________________________.

4. (estar calor / ficar em casa) ________________________________.

5. (estar triste / chorar) ________________________________.

6. (ter carro / ir) ________________________________.

7. (quiser / ajudar) ________________________________.

03 듣기편의 대화를 듣고 답하세요.

namorar 연애하다   dançar 춤추다
chorar 울다   querer 원하다

1. Para onde a Cecília telefonou?

________________________________.

2. Quantos dias ela pretende ficar no hotel?

________________________________.

3. Quanto custa a diária do hotel?

________________________________.

정답

연습문제 정답
(가능한 답안)

UNIDADE 01 ~ UNIDADE 20

UNIDADE 01

01 1. (Maria) 2. (Maria)
  3. (Oliveira) 4. (Dany)

02 1. O meu nome é (Maria).
  2. O meu sobrenome é (Oliveira).
  3. O meu apelido é (Dany).

03 1. as / 1. os
  2. os / 2. a
  3. o / 3. as
  4. as / 4. o
  5. a / 5. o
  6. o / 6. as

04 Qual é; E o seu; a Clara; Muito prazer, Estevam; Igualmente

UNIDADE 02

01 Oi; Oi; Como vai; obrigado; você; Também; logo; Tchau

02 1. sou (나는 한국 사람이다.)
  2. está (그는 집에 있다.)
  3. estamos (우리는 피곤하다.)
  4. são (그녀들은 예쁘다.)
  5. é (당신은 키가 크다.)
  6. são (그들은 학생이다.)
  7. são (그 아저씨들은 한국 사람들이다.)
  8. é (아리아는 브라질 사람이다.)
  9. estou (나는 목이 마르다.)
  10. está (그는 배가 고프다.)

03 Bom dia; Como vai você; Muito bem; Também; fim de semana; Obrigada; também; Até logo; Tchau

UNIDADE 03

01 De onde; Sou; E; Tóquio; Japão / japonesa; coreana; você; Sou

02 1. bonita 2. caro
  3. ocupado 4. barato
  5. cansado

03 1. japoneses 2. chinês
  3. mexicanos 4. portugueses
  5. espanhóis

04 espanhola; não sou; Então de onde você é; Sou de; americano; sou brasileiro

UNIDADE 04

01 Oi; Como vai; obrigado; você; Também; Obrigada; o que; enfermeira; E; advogado; Que profissão interessante

02
1. gosta (그는 초콜릿을 좋아한다.)
2. abre (그는 그 가게를 항상 9시에 연다.)
3. discutimos (우리는 항상 그와 다툰다.)
4. bebe (그녀는 아침에 커피를 많이 마신다.)
5. como (나는 오후에 빵과 치즈를 먹는다.)
6. mudamos (우리는 이사를 간다.)
7. gosta (당신은 음악 듣는 것을 좋아하나요?)
8. parte (그 기차는 이 역에서 출발한다.)
9. tomo (나는 물을 많이 마신다.)
10. recebe (그는 자신의 딸로부터 편지를 받는다.)

03
1. Ela é intérprete. (그녀는 통역사입니다.)
2. Ela fala quatro línguas.
   (그녀는 4개의 언어를 구사합니다.)
3. Ele é professor. (그는 교수입니다.)
4. Ele ensina português.
   (그는 포르투갈어를 가르칩니다.)

UNIDADE 05

01 esta moça; Essa; irmã mais velha; este é seu irmão mais velho; Não; marido; irmã

02
1. Estes (이 안경은 라우라의 것입니다.)
2. Aquela (모퉁이에 있는 저 집은 매우 예쁘다.)
3. Essas (식탁에 있는 그 열쇠들은 라우라의 것입니까?)
4. Estes (이 책들은 새것입니다.)
5. Nessas (그 교실들에는 많은 책상이 있습니다.)
6. Aquele (모퉁이에 있는 저 버스 정류소는 새로 생긴 정류장입니다.)

03
1. A senhora que está na foto é a tia de Cecília. (사진 속에 있는 여인은 쎄씰리아의 고모입니다.) / É a tia Francisca. (프란시스카 고모입니다)
2. O senhor que está no parque é o pai de Cecília. (공원에 있는 남자는 쎄씰리아의 아버지입니다.)
3. As moças que estão no quadro são irmãs de Cecília. (액자에 있는 숙녀들은 쎄씰리아의 자매들입니다.)

UNIDADE 06

01
1. O número do meu celular é (010-1111-2222).
2. O número da minha casa é (033-3254-2211).
3. O número do meu melhor amigo é (017-6545-9662).

02
1. meu
2. nossa
3. minha
4. meus
5. sua
6. sua
7. seu
8. seu
9. dela
10. deles

03
1. O número da casa de Cecília é 031-7895-1257. (쎄씰리아의 집 전화 번호는 031-7895-1257입니다.)
2. O número do celular de Cecília é 019-5458-9634. (쎄씰리아의 휴대전화 번호는 019-5458-9634입니다.)
3. O número do celular de Denis é 017-6896-3471. (데니스의 휴대전화 번호는 017-6896-3471입니다.)

04　1. vinte e três

　　2. trezentos e setenta e nove

　　3. quinhentos e sessenta e um

　　4. mil setecentos e oitenta e dois

　　5. sete mil quinhentos e quarenta e três

UNIDADE 07

01　1. Tenho (25) anos.

　　2. A minha mãe tem (50) e meu pai
　　　tem (54).

　　3. Tenho (uma) irmã irmã e (um)
　　　irmão.

02　1. tem (태래자는 3명의 자녀들이 있다.)

　　2. tem (너 시간되니?)

　　3. tem (이 도시에는 현대적인 건물들이 매우
　　　많다.)

　　4. temos (우리들은 한국에 많은 친구들이
　　　있다.)

　　5. tem (너 돈 있니?)

　　6. tem (그는 한 채의 집을 소유하고 있다.)

　　7. tenho (나는 돈이 아주 많다.)

03　1. Não, ele não tem uma casa. Ele tem
　　　um apartamento. (아니, 그는 한 채의
　　　집을 소유하고 있지 않아. 그는 한 채의
　　　아파트를 가지고 있어.)

　　2. Não, eles não têm sorte. Eles têm
　　　azar. (아니, 그들은 행운이 없어. 그들은
　　　불운이 있어.)

　　3. Não, não temos dinheiro em casa.
　　　Temos no banco. (아니, 우리는 집에
　　　돈을 가지고 있지 않아. 은행에 있어.)

　　4. Não, eu não tenho irmão. Tenho

uma irmã. (아니, 나는 남자형제가 없어.
여동생이 하나 있어.).

UNIDADE 08

01　1. Eu me levanto às (7) horas.

　　2. Termino o trabalho às (8) horas.

　　3. Geralmente janto às (7) horas.

02　1. nos (그는 여기서 우리를 단 한 번도 보지
　　　못했다.)

　　2. me (데니스는 나를 기다리고 있다.)

　　3. nos (왜 너희들은 우리에게 알리지
　　　않았니?)

　　4. a (나는 항상 그녀를 도서관에서 만난다.)

03　1. Ela se levanta às 7 horas. (그녀는
　　　7시에 일어납니다.)

　　2. Ela almoça ao meio dia em ponto.
　　　(그녀는 12시 정각에 점심을 먹습니다.)

　　3. Ela vai para a cama às 11 horas.
　　　(그녀는 11시에 잡니다.)

04　1. São duas e quinze.

　　2. É uma e quarenta e cinco.

　　3. É meio dia.

　　4. São onze e meia.

UNIDADE 09

01　1. (Geralmente saio com meus amigos.)

　　2. (Sim, especialmente filmes de
　　　romance.)

　　3. (Gosto de sair com amigos para

jantar, jogar bola e fazer shopping.)

02 1. Vou comer (pizza).
    2. Vou (assistir à televisão).
    3. Vou (encontrar com amigos.)

03 1. (Vocês vão ao cinema?)
    2. (Você vai jantar às 7 horas?)
    3. (Você vai tomar suco de laranja?)

04 1. Eu tomarei cerveja.
       (나는 맥주를 마실 것이다.)
    2. Eu assistirei à televisão.
       (나는 텔레비전을 볼 것이다.)
    3. Eu jogarei futebol.
       (나는 축구를 할 것이다.)

05 1. Ela vai sair com um amigo.
       (그녀는 친구를 만날 것이다.)
    2. Eles vão ao cinema.
       (그들은 극장에 갈 것이다.)

UNIDADE 10

01 1. Vou ao trabalho de (carro).

02 1. foi   2. tivemos
    3. estive   4. esteve
    5. partimos   6. começou
    7. abri   8. abri
    9. saí   10. comemos

03 1. morava   2. era
    3. gostávamos   4. fazia
    5. bebia   6. comia
    7. me levantava

04 1. Ela vai ao trabalho de ônibus.

(그녀는 직장에 버스를 타고 갑니다.)
    2. Ele vai à escola de metrô.
       (그는 학교에 전철을 타고 갑니다.)
    3. Ela pega ônibus no ponto de ônibus
       perto da casa dela. (그녀는 집 근처에
       있는 버스정류장에서 버스를 탑니다.)
    4. Ele pega metrô na estação Vila
       Madalena. (그는 빌라 마달레나역에서
       전철을 탑니다.)

UNIDADE 11

01 1. Ela está falando ao telefone.
    2. Ela está escrevenvendo.
    3. Ela está dormindo.
    4. Ela está lendo o jornal.

02 1. está trabalhando
    2. estamos comendo
    3. está trabalhando
    4. está estudando
    5. estão escrevendo
    6. estamos bebendo

03 1. Ela está fazendo a lição de casa.
       (그녀는 숙제를 하고 있습니다.)
    2. Ele está falando ao telefone.
       (그는 통화하고 있습니다.)
    3. Eles estão jogando futebol.
       (그들은 축구를 하고 있습니다.)

01 1. O meu aniversário é dia (16) de
(novembro).
2. Nasci em (1992).

02 1. Quem   2. Onde
3. Por que

03 1. O que: O que você faz?
(직업이 무엇입니까?)
2. Quem: Quem é aquela moça?
(저 숙녀는 누구입니까?)
3. Qual: Qual é o seu nome?
(성함이 어떻게 되시나요?)
4. Como: Como você vai à escola?
(학교에는 어떻게 가나요?)
5. Por que: Por que você não fez a
lição de casa? (왜 숙제를 하지 않았니?)
6. Onde: Onde você mora?
(어디 사시나요?)
7. Quando: Quando você vai para a
casa? (집에는 언제 가시나요?)
8. Quanto: Quantos anos você tem?
(몇 살이세요?)

04 1. O aniversário de Cecília é 27 de
setembro e ela nasceu em 1988.
(쎄씰리아의 생일은 9월 27일이며
1988년생입니다.)
2. O aniversário de Denis é 14
de Janeiro. (데니스의 생일은 1월
14일입니다).
3. Ela quer fazer uma pequena festa
e convidar seus amigos íntimos.
(그녀는 작은 파티를 열어 가까운 친구들을
초대할 예정입니다.)

05 1. Hoje é quarta-feira, dia 16 de
janeiro.
2. Hoje é sábado, dia 27 de maio.
3. Hoje é domingo, dia 16 de
novembro.

01 poderia; indicar; fumantes; não-
fumantes; por favor; Venham comigo;
Obrigado; Desejam fazer o pedido
agora; ao ponto; lagosta; Gostaria de
beber algo; Dois copos de cerveja; por
favor; Um momento

02 1. algum (너 돈 좀 있니?)
2. ninguém (–누가 나를 찾아왔니? –아니.)
3. ninguém (지금까지 그 어떠한 누구도
불평하지 않았다.)
4. ninguém (전화를 걸었지만 아무도 받지
않았다.)
5. nada (그는 나를 돕기 위해 아무것도 하지
않았다.)

03 1. vários   2. cada
3. outro   4. cada
5. Algum   6. outra
7. Qualquer

04 1. A Cecília pediu frango e suco de
laranja. (쎄씰리아는 닭고기와 오렌지
주스를 주문했다.)
2. O Denis pediu salmão e suco de
laranja. (데니스는 연어와 오렌지 주스를
주문했다.)

UNIDADE 14

01
1. Raramente tenho dor de cabeça. (두통은 거의 없습니다.)
2. Tomo aspirina ou qualquer outro tipo de analgésico. (아스피린이나 다른 종류의 진통제를 먹습니다.)
3. No inverno, fico gripada facilmente. (겨울에는 쉽게 감기에 걸립니다.)

02
1. Eu sou maior do que ela.
2. Cecília é mais rica do que Maria.
3. Denis estuda tanto quanto Cecília.
4. O Brasil é maior do que a Coreia.
5. A Coreia é menor do que o Brasil.

03
1. Ele foi à farmáica para comprar o antiácido. (그는 소화제를 사기 위해 약국에 갔습니다.)
2. O Denis geralmente tem dor de estômago. (데니스는 복통이 종종 있습니다.)
3. Porque comeu muita gordura. (기름기가 많은 음식을 먹었기 때문입니다.)
4. Ela lhe recomendou a não comer comida gordurosa com frequência. (그녀는 그에게 기름기가 많은 음식을 자주 먹지 말라고 권고했습니다.)

UNIDADE 15

01
1. Geralmente uso saia e blusa. (보통 치마와 블라우스를 입습니다.)
2. Eu visto calça jeans e vestido com frequência. (저는 청바지와 원피스를

02
1. Este hotel é o mais famoso de São Paulo.
2. Aquela aluna é a mais popular da nossa escola.
3. Comprei o vestido mais caro daquela loja.
4. Este avião é o mais veloz do mundo.
5. Ele abriu a menor loja deste bairro.
6. Ele é o jovem mais rico deste bairro.
7. Este problema é o mais difícil da prova.
8. Ele é o aluno mais alto da nossa classe.
9. Aquele é o professor mais gentil (agradável) da nossa escola. 10. Minha casa é a maior deste bairro.

03
1. amabilíssimo   2. caríssimo.
3. riquíssimo   4. baratíssimo
5. altíssimo

UNIDADE 16

01
1. O meu esporte favorito é (futebol). (제가 가장 좋아하는 운동은 축구입니다.)
2. Jogo futebol (duas) vezes por semana. (저는 일주일에 두 번 축구를 합니다.)

02
1. a (모두 동시에 말하기 시작했다.)
2. de (나는 낮선 사람들과 여행하는 것을 싫어한다.)
3. de (이 아이들은 공부하는 것을 싫어한다).
4. de (모든 일이 당신에게 달려 있습니다.)

5. em (쎄씰리아는 모든 것에 관심이 있다.)

6. com (너와 할말이 있어.)

7. em (이 회의에 참석하고 싶지 않습니다.)

8. com (그녀는 너의 편지를 받고 매우
기뻐했다.)

9. de (이 일은 우리에게 달려 있다.)

03　1. Ela faz natação. (그녀는 수영을 합니다.)

2. Ele joga voleibol com seus amigos.
(그는 친구들과 배구를 합니다.)

3. Ela faz 2 vezes por semana. (그녀는
일주일에 두 번 합니다.)

4. Não, ela só faz natação. (수영만
합니다.)

01　1. Ela é simpática. (친절한)

2. Ele é rigoroso. (엄격한)

3. Ela é tímida. (수줍은)

4. Ele é generoso. (관대한)

02　1. O livro que comprei é caro.
(내가 산 책은 비싸다.)

2. Eles venderam o carro que era novo.
(그들은 새 차를 팔았다.)

3. Herdei a casa que é muito grande.
(큰 집 한 채를 상속받았다.)

03　1. A menina de quem gosto não gosta
de mim. (내가 좋아하는 소녀는 나를
싫어한다.)

2. A funcionária a quem pedi as
informações sobre o hotel é muito
gentil. (내가 호텔에 관한 정보를 물어본
여직원은 매우 친절하다.)

3. Os tios com quem ela mora são
ricos. (그녀와 함께 사는 삼촌들은
부유하다.)

04　1. A firma onde vou trabalhar é muito
grande. (내가 일할 회사는 거대하다.)

2. A cidade onde moramos é calma.
(우리가 사는 도시는 매우 평온하다.)

3. O hotel onde passamos as férias
de verão fica no centro. (여름휴가를
보냈던 그 호텔은 도시 중심에 있다.)

01　1. Fico alegre quando eu ganho
presentes.
(나는 누군가로부터 선물을 받을 때
기쁘다.)

2. Fico triste quando alguém da família
está doente. (가족이 아플 때 슬프다.)

02　1. ande-나는 네가 더 빨리 걷길 원한다.

2. compre- 우리는 네가 빨리 그 차를 사길
바란다.

3. parta- 나는 그녀가 작별인사를 하지 않고
떠나길 원한다.

4. façam- 너희들이 조용히 하길 부탁한다.

5. possa- 네가 이번 주에 돌아올 수 있길
바란다.

6. tragam- 이 편지들이 좋은 소식을
가져올지 의심스럽다.

7. mudem- 나는 그들이 생각을 바꿀 거라
믿지 않는다.

8. aceite- 네가 나의 제안을 받아들이길
바란다.

9. se lembre- 나는 그녀가 그 약속을
기억할지 의심스럽다.

10. entendam- 너희들이 나를 이해할 수
있을지 의심스럽다.

11. fale- 나는 그가 사실을 말할지
의심스럽다.

12. venha-나는 네가 내일 오길 원한다.

13. esperem- 나는 그들에게 오후 5시까지
기다려 달라고 부탁한다.

14. coma- 그 어머니는 아들이 다 먹길
바란다.

15. tenha- 네가 잘 잤기를 바란다.

UNIDADE 19

01 1. Vá direto e na segunda esquina vire
à esquerda. (직진해서 두 번째 블록에서
왼쪽으로 꺾으세요.)

2. Vá direto e vire à primeira esquerda
e na interseção vire à direita.
(직진해서 첫 번째 블록에서 좌회전을
하시고 사거리에서 오른쪽으로 가세요.)

3. Vá direto e vire à primeira esquerda
e na interseção vire à direita e
vá reto até a próxima interseção.
(직진해서 첫 번째 블록에서 왼쪽으로
가시고 사거리에서 우회전해서 다음
사거리까지 쭉 직진하세요.)

4. Vá direto por dois quarteirões então
você vai ver o posto de gasolina.
(2블록 직진해서 가시면 주유소가
보입니다.)

5. Vá reto então você vai ver o cinema
à sua direita.

(직진하면 오른쪽에 극장이 보입니다.)

02 Gostar
gostasse
gostasses
gostasse
gostássemos
gostásseis
gostassem

Comer
comesse
comesses
comesse
comêssemos
comêsseis
comessem

Dormir
dormisse
dormisses
dormisse
dormíssemos
dormísseis
dormissem

Fazer
fizesse
fizesses
fizesse
fizéssemos
fizésseis
fizessem

Pedir
pedisse

pedisses
pedisse
pedíssemos
pedísseis
pedissem

Ser
fosse
fosses
fosse
fôssemos
fôsseis
fossem

03 1. No bairro onde a Cecília mora tem estação de metrô, ponto de ônibus, supermercados, correio e várias igrejas. (쎄씰리아가 사는 동네에는 지하철역, 버스정류장, 슈퍼마켓, 우체국과 여러 교회가 있습니다.)

2. Não tem o shopping center. (백화점이 없습니다.)

3. Há três quartos. (3개의 방이 있습니다.)

UNIDADE 20

01 1. estivesse / ajudaria (그녀가 이곳에 있었더라면 우리를 도와 줄 텐데.)

2. gostasse / namoraria (그가 나를 좋아한다면 그와 사 귈 텐데.)

3. gastasse / teria (그녀가 돈을 덜 낭비한다면 은행에 더 많은 돈을 가지고 있을 텐데.)

4. dançar / aceitasse (그녀가 수락한다면 그녀와 춤을 출 텐데.)

5. viajaria / tivesse (시간이 충분하다면 유럽여행을 갈 텐데.)

02 1. Se eu tivesse tempo viajaria pela Europa. (시간이 있다면 유럽여행을 갈 텐데.)

2. Se eu tivesse dinheiro compraria um carro importado. (돈이 있다면 외제차를 살 텐데.)

3. Se eu pudesse comeria mais pizza. (가능하다면 피자를 더 많이 먹을 텐데.)

4. Se estivesse calor ficaria em casa. (더웠더라면 집에 있을 텐데.)

5. Se estivesse triste eu choraria. (슬펐더라면 눈물을 흘릴 텐데.)

6. Se tivesse carro iria à praia. (차가 있다면 해변으로 갈 텐데.)

7. Se ela quisesse me ajudaria. (그녀가 원한다면 나를 도와 줄 텐데.)

03 1. Ela ligou para o Hotel Mariotti. (그녀는 마리오치 호텔로 전화했다.)

2. Ela pretende ficar três dias. (그녀는 3일 정도 머물 예정이다.)

3. Custa 90 dolares por noite. (하루에 숙박료가 90달러이다.)

포르투갈어의
동사 변화를 익힙시다

1 규칙동사

2 불규칙동사

규칙동사

		현재		완전과거		불완전과거		미래
falar 말하다	eu	falo	eu	falei	eu	falava	eu	falarei
	tu	falas	tu	falaste	tu	falavas	tu	falarás
	ele/ela	fala	ele/ela	falou	ele/ela	falava	ele/ela	falará
	nós	falamos	nós	falamos	nós	falávamos	nós	falaremos
	vós	falais	vós	falastes	vós	faláveis	vós	falareis
	eles/elas	falam	eles/elas	falaram	eles/elas	falavam	eles/elas	falarão
tomar 마시다, 취하다	eu	tomo	eu	tomei	eu	tomava	eu	tomarei
	tu	tomas	tu	tomaste	tu	tomavas	tu	tomarás
	ele/ela	toma	ele/ela	tomou	ele/ela	tomava	ele/ela	tomará
	nós	tomamos	nós	tomamos	nós	tomávamos	nós	tomaremos
	vós	tomais	vós	tomastes	vós	tomáveis	vós	tomareis
	eles/elas	tomam	eles/elas	tomaram	eles/elas	tomavam	eles/elas	tomarão
comprar 사다, 구입하다	eu	compro	eu	comprei	eu	comprava	eu	comprarei
	tu	compras	tu	compraste	tu	compravas	tu	comprarás
	ele/ela	compra	ele/ela	comprou	ele/ela	comprava	ele/ela	comprará
	nós	compramos	nós	compramos	nós	comprávamos	nós	compraremos
	vós	comprais	vós	comprastes	vós	compráveis	vós	comprareis
	eles/elas	compram	eles/elas	compraram	eles/elas	compravam	eles/elas	comprarão
estudar 공부하다	eu	estudo	eu	estudei	eu	estudava	eu	estudarei
	tu	estudas	tu	estudaste	tu	estudavas	tu	estudarás
	ele/ela	estuda	ele/ela	estudou	ele/ela	estudava	ele/ela	estudará
	nós	estudamos	nós	estudamos	nós	estudávamos	nós	estudaremos

	vós	estudais	vós	estudastes	vós	estudáveis	vós	estudareis
	eles/elas	estudam	eles/elas	estudaram	eles/elas	estudavam	eles/elas	estudarão
ensinar 가르치다	eu	ensino	eu	ensinei	eu	ensinava	eu	ensinarei
	tu	ensinas	tu	ensinaste	tu	ensinavas	tu	ensinarás
	ele/ela	ensina	ele/ela	ensinou	ele/ela	ensinava	ele/ela	ensinará
	nós	ensinamos	nós	ensinamos	nós	ensinávamos	nós	ensinaremos
	vós	ensinais	vós	ensinastes	vós	ensináveis	vós	ensinareis
	eles/elas	ensinam	eles/elas	ensinaram	eles/elas	ensinavam	eles/elas	ensinarão
trabalhar 일하다	eu	trabalho	eu	trabalhei	eu	trabalhava	eu	trabalharei
	tu	trabalhas	tu	trabalhaste	tu	trabalhavas	tu	trabalharás
	ele/ela	trabalha	ele/ela	trabalhou	ele/ela	trabalhava	ele/ela	trabalhará
	nós	trabalhamos	nós	trabalhamos	nós	trabalhávamos	nós	trabalharemos
	vós	trabalhais	vós	trabalhastes	vós	trabalháveis	vós	trabalhareis
	eles/elas	trabalham	eles/elas	trabalharam	eles/elas	trabalhavam	eles/elas	trabalharão
comer 먹다	eu	como	eu	comi	eu	comia	eu	comerei
	tu	comes	tu	comeste	tu	comias	tu	comerás
	ele/ela	come	ele/ela	comeu	ele/ela	comia	ele/ela	comerá
	nós	comemos	nós	comemos	nós	comíamos	nós	comeremos
	vós	comeis	vós	comestes	vós	comíeis	vós	comereis
	eles/elas	comem	eles/elas	comeram	eles/elas	comiam	eles/elas	comerão
beber 마시다	eu	bebo	eu	bebi	eu	bebia	eu	beberei
	tu	bebes	tu	bebeste	tu	bebias	tu	beberás
	ele/ela	bebe	ele/ela	bebeu	ele/ela	bebia	ele/ela	beberá
	nós	bebemos	nós	bebemos	nós	bebíamos	nós	beberemos
	vós	bebeis	vós	bebestes	vós	bebíeis	vós	bebereis
	eles/elas	bebem	eles/elas	beberam	eles/elas	bebiam	eles/elas	beberão
vender 팔다	eu	vendo	eu	vendi	eu	vendia	eu	venderei
	tu	vendes	tu	vendeste	tu	vendias	tu	venderás
	ele/ela	vende	ele/ela	vendeu	ele/ela	vendia	ele/ela	venderá

	현재		완전과거		불완전과거		미래
	nós	vendemos	nós	vendemos	nós	vendíamos	nós	venderemos
	vós	vendeis	vós	vendestes	vós	vendíeis	vós	vendereis
	eles/elas	vendem	eles/elas	venderam	eles/elas	vendiam	eles/elas	venderão
abrir 열다	eu	abro	eu	abri	eu	abria	eu	abrirei
	tu	abres	tu	abriste	tu	abrias	tu	abrirás
	ele/ela	abre	ele/ela	abriu	ele/ela	abria	ele/ela	abrirá
	nós	abrimos	nós	abrimos	nós	abríamos	nós	abriremos
	vós	abris	vós	abristes	vós	abríeis	vós	abrireis
	eles/elas	abrem	eles/elas	abriram	eles/elas	abriam	eles/elas	abrirão
decidir 결정하다	eu	decido	eu	decidi	eu	decidia	eu	decidirei
	tu	decides	tu	decidiste	tu	decidias	tu	decidirás
	ele/ela	decide	ele/ela	decidiu	ele/ela	decidia	ele/ela	decidirá
	nós	decidimos	nós	decidimos	nós	decidíamos	nós	decidiremos
	vós	decidis	vós	decidistes	vós	decidíeis	vós	decidireis
	eles/elas	decidem	eles/elas	decidiram	eles/elas	decidiam	eles/elas	decidirão

불규칙동사

	현재		완전과거		불완전과거		미래
ser ~이다	eu	sou	eu	fui	eu	era	eu	serei
	tu	és	tu	foste	tu	eras	tu	serás
	ele/ela	é	ele/ela	foi	ele/ela	era	ele/ela	será
	nós	somos	nós	fomos	nós	éramos	nós	seremos
	vós	sois	vós	fostes	vós	éreis	vós	sereis
	eles/elas	são	eles/elas	foram	eles/elas	eram	eles/elas	serão
estar ~있다	eu	estou	eu	estive	eu	estava	eu	estarei
	tu	estás	tu	estiveste	tu	estavas	tu	estarás
	ele/ela	está	ele/ela	esteve	ele/ela	estava	ele/ela	estará
	nós	estamos	nós	estivemos	nós	estávamos	nós	estaremos

	vós	estais	vós	estivestes	vós	estáveis	vós	estareis
	eles/elas	estão	eles/elas	estiveram	eles/elas	estavam	eles/elas	estarão
fazer ~하다	eu	faço	eu	fiz	eu	fazia	eu	farei
	tu	fazes	tu	fizeste	tu	fazias	tu	farás
	ele/ela	faz	ele/ela	fez	ele/ela	fazia	ele/ela	fará
	nós	fazemos	nós	fizemos	nós	fazíamos	nós	faremos
	vós	fazeis	vós	fizestes	vós	fazíeis	vós	fareis
	eles/elas	fazem	eles/elas	fizeram	eles/elas	faziam	eles/elas	farão
ir 가다	eu	vou	eu	fui	eu	ia	eu	irei
	tu	vais	tu	foste	tu	ias	tu	irás
	ele/ela	vai	ele/ela	foi	ele/ela	ia	ele/ela	irá
	nós	vamos	nós	fomos	nós	íamos	nós	iremos
	vós	ides	vós	fostes	vós	íeis	vós	ireis
	eles/elas	vão	eles/elas	foram	eles/elas	iam	eles/elas	irão
poder 할 수 있다	eu	posso	eu	pude	eu	podia	eu	poderei
	tu	podes	tu	pudeste	tu	podias	tu	poderás
	ele/ela	pode	ele/ela	pôde	ele/ela	podia	ele/ela	poderá
	nós	podemos	nós	pudemos	nós	podíamos	nós	poderemos
	vós	podeis	vós	pudestes	vós	podíeis	vós	podereis
	eles/elas	podem	eles/elas	puderam	eles/elas	podiam	eles/elas	poderão
querer 원하다, 바라다	eu	quero	eu	quis	eu	queria	eu	quererei
	tu	queres	tu	quiseste	tu	querias	tu	quererás
	ele/ela	quer	ele/ela	quis	ele/ela	queria	ele/ela	quererá
	nós	queremos	nós	quisemos	nós	queríamos	nós	quereremos
	vós	quereis	vós	quisestes	vós	queríeis	vós	querereis
	eles/elas	querem	eles/elas	quiseram	eles/elas	queriam	eles/elas	quererão
saber 알다	eu	sei	eu	soube	eu	sabia	eu	saberei
	tu	sabes	tu	soubeste	tu	sabias	tu	saberás
	ele/ela	sabe	ele/ela	soube	ele/ela	sabia	ele/ela	saberá

	nós	sabemos	nós	soubemos	nós	sabíamos	nós	saberemos
	vós	sabeis	vós	soubestes	vós	sabíeis	vós	sabereis
	eles/elas	sabem	eles/elas	souberam	eles/elas	sabiam	eles/elas	saberão
dar 주다	eu	dou	eu	dei	eu	dava	eu	darei
	tu	dás	tu	deste	tu	davas	tu	darás
	ele/ela	dá	ele/ela	deu	ele/ela	dava	ele/ela	dará
	nós	damos	nós	demos	nós	dávamos	nós	daremos
	vós	dais	vós	destes	vós	dáveis	vós	dareis
	eles/elas	dão	eles/elas	deram	eles/elas	davam	eles/elas	darão
ter 갖다	eu	tenho	eu	tive	eu	tinha	eu	terei
	tu	tens	tu	tiveste	tu	tinhas	tu	terás
	ele/ela	tem	ele/ela	teve	ele/ela	tinha	ele/ela	terá
	nós	temos	nós	tivemos	nós	tínhamos	nós	teremos
	vós	tendes	vós	tivestes	vós	tínheis	vós	tereis
	eles/elas	têm	eles/elas	tiveram	eles/elas	tinham	eles/elas	terão
ver 보다	eu	vejo	eu	vi	eu	via	eu	verei
	tu	vês	tu	viste	tu	vias	tu	verás
	ele/ela	vê	ele/ela	viu	ele/ela	via	ele/ela	verá
	nós	vemos	nós	vimos	nós	víamos	nós	veremos
	vós	vedes	vós	vistes	vós	víeis	vós	vereis
	eles/elas	veem	eles/elas	viram	eles/elas	viam	eles/elas	verão
vir 오다	eu	venho	eu	vim	eu	vinha	eu	virei
	tu	vens	tu	vieste	tu	vinhas	tu	virás
	ele/ela	vem	ele/ela	veio	ele/ela	vinha	ele/ela	virá
	nós	vimos	nós	viemos	nós	vínhamos	nós	viremos
	vós	vindes	vós	viestes	vós	vínheis	vós	vireis
	eles/elas	vêm	eles/elas	vieram	eles/elas	vinham	eles/elas	virão
	eu	digo	eu	disse	eu	dizia	eu	direi
	tu	dizes	tu	disseste	tu	dizias	tu	dirás

dizer 말하다	ele/ela	diz	ele/ela	disse	ele/ela	dizia	ele/ela	dirá
	nós	dizemos	nós	dissemos	nós	dizíamos	nós	diremos
	vós	dizeis	vós	dissestes	vós	dizíeis	vós	direis
	eles/elas	dizem	eles/elas	disseram	eles/elas	diziam	eles/elas	dirão
esquecer 잊다, 잊어버리다	eu	esqueço	eu	esqueci	eu	esquecia	eu	esquecerei
	tu	esqueces	tu	esqueceste	tu	esquecias	tu	esquecerás
	ele/ela	esquece	ele/ela	esqueceu	ele/ela	esquecia	ele/ela	esquecerá
	nós	esquecemos	nós	esquecemos	nós	esquecíamos	nós	esqueceremos
	vós	esqueceis	vós	esquecestes	vós	esquecíeis	vós	esquecereis
	eles/elas	esquecem	eles/elas	esqueceram	eles/elas	esqueciam	eles/elas	esquecerão

동양북스 채널에서 더 많은 도서
더 많은 이야기를 만나보세요!

유튜브

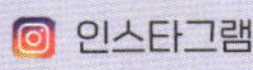
인스타그램

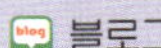
블로그

포스트

페이스북

카카오뷰

외국어 출판 45년의 신뢰
외국어 전문 출판 그룹
동양북스가 만드는 책은 다릅니다.

45년의 쉼 없는 노력과 도전으로 책 만들기에 최선을 다해온
동양북스는 오늘도 미래의 가치에 투자하고 있습니다.
대한민국의 내일을 생각하는 도전 정신과 믿음으로 최선을 다하겠습니다.